U0942316

靈心明辨

在日常生活中體悟上帝的旨意

盧雲

克理斯坦森、萊爾德 合著

黃大業 譯

Discernment

Reading the Signs of Daily Life

Henri J. M. Nouwen

with Michael J. Christensen

and Rebecca J. Laird

基道出版社

▼

靈修著作精選 • 盧雲系列

靈心明辨

在日常生活中體悟上帝的旨意

Discernment

Reading the Signs of Daily Life

作者
盧雲 Henri J. M. Nouwen、
克理斯坦森 Michael J. Christensen 、萊爾德 Rebecca J. Laird

譯者
黃大業

責任編輯
余雪

裝幀設計
奇文雲海 · 設計顧問

■

出版 / 發行
基道出版社
香港沙田火炭坳背灣街 26 號富騰工業中心 10 樓 1011 室
LOGOS PUBLISHERS
Unit 1011, 10/F, Fo Tan Ind. Centre, 26 Au Pui Wan St., Shatin, Hong Kong
電話：(852) 2687-0331 傳真：(852) 2687-0281
網址：https://www.logos.com.hk

承印
陽光 (彩美) 印刷有限公司

●

7/2015 初版
Cat. No. LP656
ISBN: 978-962-457-501-9

刷次	15	14	13	12	11	10	9	8	7	6
年份	2032	2031	2030	2029	2028	2027	2026	2025	2024	2023

目錄

鳴謝

本書是盧雲「靈修三部曲」第三部。所謂靈修三部曲，是盧雲對默觀（contemplation）、羣體（community）、關懷世人（compassion）的獨有進路，藉著**屬靈指導**（spiritual direction）、**屬靈塑造**（spiritual formation）、**屬靈明辨**（spiritual discernment）達至。這三部書都從盧雲的手稿編纂而成，材料來自多倫多大學聖彌格爾學院凱里圖書館（Kelly Library, Saint Michael's College, University of Toronto）盧雲檔案室，並蒙盧雲基金會（Henri J. M. Nouwen Estate）及盧雲著作基金會（Henri Nouwen Legacy Trust）通力合作編成。

我們尤其要向盧雲著作基金會的史姬思（Kathy Smith）及韋莫莉（Maureen Wright），還有盧雲檔案室助理檔案主任巴積嘉（Jessica Barr）致謝，他們獻出時間心力，為我們尋找材料。我們也向 HarperOne 出版團隊致謝，尤其是鍥而不捨的編輯費羅杰（Roger Freet），沒有他的堅持，「三部曲」這最後一部難以完成。還有超卓的製作編輯卞艾心（Alison Peterson）、公關部的貝茱妮（Julie Baker）、市場部的艾珍娜（Janelle Agius）。

素兒．莫絲塔娜（Sue Mosteller）是盧雲遺作管理人，她在「三部曲」頭兩部貢獻良多，在這一部尤其不遺餘力——我們一致同意這一部的編纂是最費勁的。她的多重考證、善意批評、溫婉文采、無盡支持，我們謹此衷心致謝。

論到「三部曲」倡議人，不得不提盧雲在耶魯的助教、《交織》（*Weavings*）季刊創辦人兼編輯約翰．莫格巴（John Mogabgab），是他促成我們開展這計劃。約翰也是盧雲《傑納西日記》（*The Genesee Diary*）的編輯，他曾告訴我們，已經出版的盧雲日記，其實只有全部的三分一；如果想窺探盧雲的屬靈明辨細節和其他未出版的省思，整部日記材料應該是很好的入手點。約翰的話當然沒錯，我們果然因此發掘出許多未出版的相關材料。約翰，謝謝你，在過去這三年的引領與鼓勵。

我們亦感激鍾納思（Robert A. Jonas）答允為本書寫前言和附錄三。鍾納思是盧雲在哈佛的學生，也是盧雲的密友，如今也成了我們的好友兼同事。鍾納思在本書結構及進路上提供不少幫助：他對明辨擁有獨到見解，使用精彩意象——**在海上向著北方揚帆航行**——這航程定奪於風、海、船帆，還有同舟的伙伴。深盼鍾納思為本書所預備的省思，可作他日後關乎屬靈操練寫作的材料。

最後，我們想向我們的么女美瑾（Megan）道謝，她替我們將許多手稿輸入電腦，最終化為本書。美瑾今天是大學生了，昔年她只有三歲半，時維一九九六年，亨利在我家小住，兩個月後他突然因病辭世。有一天，美瑾坐在亨利腿上，問了一個重大的問題：「上帝有多大？」亨利以奧祕主義者的洞燭回答說：「上帝和你的心靈一樣大；你的心靈和宇宙一樣廣大。」答得真好。這個答案，從此在我家中不斷傳頌。

我們就此懷著對盧雲的思念，還有他環抱腿上小童、引領我們探究上帝那深不可測之愛的圖象，為您獻上這本以愛寫成的書，名《靈心明辨》。

原序
本書為何

本書有一個前提：上帝不斷向我們說話——對個人、對上帝的子民這羣體——在不同時候，以各種方式：夢與異象、先知與使者、聖經與傳統、經驗與理性、大自然與事件。**明辨**，是一種屬靈操練，令我們可以探知、尋求、明白上帝所要告訴我們的事。

當我們的生命植根於禱告、獨處，又屬於一個信仰羣體，就會在日常生活中獲賜徵兆（signs），有助解答百思不得其解的屬靈疑問。我們所讀的書、所享受的大自然、所遇見的人、所經驗的事件，都蘊藏著上帝日復日的同在與引領的徵兆。當某些詩章或經文以特殊的方式觸動我們，當大自然發出歌聲、受造物顯出榮光，當某些特別的人被置於我們的路途上，當發生了一件似乎饒有意義的大事或時事——這就是我們要留意箇中蘊含的上帝旨意之時。明辨，是閱讀徵兆、識別上帝信息的途徑，而盧雲是值得信賴的嚮導，指引我們踐行這源遠流長的屬靈操練。

本書是盧雲安息主懷後出版的「靈修三部曲」第三本，也是最後一本——連同此前兩本，引領讀者探索三個主題：從**疑問**（questions）到**動向**（movements）到**徵兆**（signs）。第一本出版於二〇〇六年，名《屬靈指導》（*Spiritual Direction*），關乎**面對生活中的屬靈生命疑問**（我是誰？我蒙召做甚麼？上帝在我心目中是誰？）。第二本出版於二〇一〇年，名《屬靈塑造》（*Spiritual Formation*），關乎**順從聖靈的動向**（從怨忿到感恩，從怕到愛，從否定死亡到與死亡為友）。如今這第三本，名《靈心明辨》（*Discernment*），關乎**閱讀日常生活中的徵兆**（主要見於書本、大自然、人、世事）。

本書秉承盧雲的日記和他其他著作，闡述對明辨與召命的當代見解。本書見解基於聖經，亦配合教會年曆模式，分為三部：（1）明辨的本質——就是聖經稱為「辨別諸靈」（the discernment of spirits）的恩賜及其操練之道；（2）辨明上帝在書本、大自然、人、世事的引導；（3）為成就上帝旨意的辨明召命、同在、身分、時間之道。

對盧雲來說，**屬靈明辨**是在尋常生活喧鬧中，聆聽一個深沉的聲音，並且看透事物表相，洞燭萬事**相互關連**（interconnectedness），明白我們的人生，以及我們的世界如何同條共貫（*theoria physike*）。從聖經看，**明辨**從有規律的屬靈操練而得，是屬靈悟性及經驗知識，讓人知悉上帝怎樣積極介入我們的生命，從而使我們實現一個「與所蒙之召相稱」（西一 10）的生命。明辨是屬靈恩賜與操練，「肯定並確認上帝的愛與引導，會以獨一無二的方式在我們生命中彰顯，好讓我們在上帝的愛之奧妙交互作用之下，認識上帝的旨意，實現我們的召命和使命」。[1]

但正如所有嘗試在生活中面對屬靈生命疑問及順從聖靈動向的人都會知道：明辨，不是規行矩步的程序或模式，而是定期操練心、操練耳，辨認那旋風過後的靜謐、那微小的聲音，以禱告的心去學習閱讀日常生活中那微妙、隱約的徵兆。明辨，不是在人生重要關頭一蹴可就的決定（我該接受這差事嗎？我該與誰結婚？我該在哪裏定居、上班？），而是一生委身「記念上帝」，知道自己是誰，謹慎留意聖靈今日要說的話。

盧雲將明辨的討論既放在個人層面，亦放在羣體層面，我們因此決定將他的見解按照信仰歷程的常見主題分三部分呈現——雖然這表達方式乍看沒有系統，因為並非按照時序組織。再者，我們選材及剪裁自盧雲浩如煙波的全部著作，包括已出版及未出版材料，當中許多是他的日記及未出版的省思，不過我們總會綴以一些已出版的盧雲作品摘錄。

本書第一部為明辨這恩賜與操練下定義：它乃植根於基督徒生命的核心操練，包括禱告、團契、敬拜、服事。盧雲分享他稱為「與魔鬼爭戰」的親身經驗，關乎聖經提及的「辨別諸靈」恩賜與職事。他邀請，也以身作則教導讀者接受挑戰，信靠上帝的大能，抵擋黑暗之靈，活在上帝的光中。上帝提醒我們，我們是祂所愛的。

第二部講述盧雲從他導師梅頓（Thomas Merton）學會的功

課，並從他自己的經驗所學到的，就是從聖經及其他書、大自然的美、生活中遇見的人、生命中的時事與大事中，閱讀上帝同在的徵兆、尋求上帝的引導。

第三部可以稱為盧雲的「明辨屬靈觀」。讀過盧雲作品的讀者，會在這裏發現熟悉的主題，並獲得新洞見——關乎我們的核心身分：上帝所愛的兒女。此外，該部亦論及如何藉明辨去經驗上帝在人心的臨在，並知道**何時行動、何時等候、何時聽候帶領**，乃是按照**上帝的時間**（*kairos*；編按：參本書頁 82）——此乃明辨之目標。

本書如何寫成

「靈修三部曲」頭兩本主要從盧雲一九八〇年代於耶魯神學院及哈佛神學院講課筆記及省思札記輯錄而成。本書資料來源有點不同，主要是盧雲就明辨這題目而寫，卻不曾出版的日記內容（已出版的盧雲日記，不包括所有日記內容），歷時超過二十五年，這些日記包括：一九七四年的「傑納西日記：論退修」（On Retreat: Genesee Diary），輯錄出版為《傑納西日記》；一九八一至一九八二年的「南美洲日記」（South American Diary），輯錄出版為《感恩！》（*Gracias!*）；一九八五至一九八六年有「方舟團體日誌」（The L'Arche Journal），輯錄出版為《黎明路上》（*The Road to Daybreak*）；一九九六年的「烏克蘭日記」（Ukrainian Diary），未出版；一九九六年的「安息日誌」（Sabbatical Journal），輯錄出版為《安息日誌》（*Sabbatical Journey*）。我們嘗試將盧雲關於明辨的大部分論述放在這本書內，涵蓋盧雲對一些作家的閱讀心得，包括經典的如大德蘭（Teresa of Avila；又稱亞維拉的德蘭）、高薩德（Jean-Pierre de Caussade）；當代的如梅頓、范尼雲（Jean Vanier），還有盧雲喜愛的神祕主義作家和其他聖徒。本書能夠出現，有賴盧雲作品基金會（Nouwen Literary Trust）的大力支持與合作，不然本書只會類似舊作選集而已。

本書可以怎樣讀

盧雲著作大多是小書，可在一兩天內讀完，也可作靈修材料，用幾星期細讀；我們建議後者——亦可用作將臨期或預苦期的靈修材料。

本書分為三部，你可自行選擇先讀哪一部，沒有必要從第一部讀起。不過，每部之內的閱讀次序，則最好按照本書的編排。

如果是讀書小組或靈修小組，我們建議你用十週時間讀這本書，每週讀一章；當然也可用作教會年曆其他節期的靈修材料。每章最後都有更深入的明辨指引問題，供個人寫筆記或小組分享之用。

如果將本書用作課堂材料（譬如屬靈指導或屬靈塑造課程），可以參考本書三篇附錄，當可理解盧雲對明辨的獨有進路從何而來。鍾納思的前言〈亨利的明辨之道〉及附錄三〈屬靈友情與交互明辨〉都是關乎明辨的最佳延伸閱讀材料。克理斯坦森的附錄二〈盧雲論「聆聽深沉的節拍」〉，論到盧雲如何借用梭羅（Henry David Thoreau）的意象描述明辨者：「聽著不一樣的鼓聲……隨著所聽到的樂聲踏步吧，管他合拍或走板」（梭羅的《湖濱散記》〔*Walden*〕第八章）。

最後，正如「靈修三部曲」頭兩本一樣，本書最好用作靈修讀物，伴以有規律的屬靈操練。盧雲相當詳細地講解了**靈讀**（spiritual reading；*lectio divina*；編按：又稱靈閱或神讀）與**靈視**（spiritual gazing；*visio divina*）的方法，並如何將之用在默觀式禱告和默想中。如果你有盧雲的錄音，也許在閱讀本書之際，亦可試試**靈聽**（spiritual listening；*audio divina*）——以本書第十章〈審時度勢：何時行動、何時等候、何時聽候帶領〉為例，可以邊讀邊聽盧雲的錄音《等候的神學》（*A Spirituality of Waiting*〔Crossroads, 1995〕），當可相得益彰。

藉著面對生活中的屬靈生命疑問、順從聖靈動向、閱讀日常生活中的徵兆這三樣操練，我們可以在這個充滿容易答案、矛盾動向、混亂徵兆之世界，活出更好的屬靈生命。

克理斯坦森、萊爾德　謹識

二〇一三年主顯節

譯序

盧雲離世至今已近二十載，但他不少作品仍然不斷再版（部分更是暢銷書，獲許為經典），證明不斷有新讀者加入。二十世紀六十年代至今，是世界從「現代」走進「後現代」的時期。身處「現代」的天主教作家，對「後現代」的新教徒竟有莫大的魅力與啟迪，這是昔日盧雲走在時代之先，還是今日讀者的「返祖」現象？

我想到香港信徒接觸盧雲，與基道出版社大力推介不無關係。查看基道書目，共有二十六本盧雲著作，其中二十三本由基道出版——當中十六本在九十年代出版，包括名著《負傷的治療者》（*The Wounded Healer*）及《羅馬城的小丑戲》（*Clowning in Rome*）（許多人也是從這兩本中譯作品認識盧雲），這在九十年代的香港，應是相當斗膽之事。按我記憶中的八十年代香港基督教教會，仍不大接受天主教著作，甚至以為異端；此外備受靈恩運動與大型教會增長模式衝擊，基督教出版業可謂如履薄冰（更遑論期間香港社會的政經風潮）。盧雲作品並非直接回應香港足下議題，卻能擄去不少信徒的心（雖然是不可告人的祕密，以至一種犯禁），究竟原因何在？

可能在於它的出塵脱俗，又踏實誠懇。

盧雲著作，不論長短，都不會提供現成、俗套的答案——卻也不會停駐在虛無縹緲的理論中。論説道理，他肯定具備嘴巴與腦袋：曾在當世最高學府（耶魯、哈佛）出任教授，幾本早期著作也充分顯示他的學識。但他不甘廁身象牙塔內，非為自我實現，乃為尋求上主旨意，跑到中南美洲住在窮人中間，學習解放神學與社會行動(其時已投身神職多年)；又毋忘繼續反省，發現南美洲不是他踐行上主召命之地，其後輾轉委身他生前的最後職事：在「方舟黎明之家」（L'Arche Daybreak community）全時間照料殘障人士。

基督徒(我也不例外)常想確定上帝旨意，得以安身立命，惟在追尋路上不無躁動與煩愁，有時寧可眼前只得一條路，讓心可以稍息。盧雲的生命故事，教我們既詫異又羨慕、既疑惑又心動。我們以為他是個大有智慧的信心巨人，不斷作出明智抉擇，不料他看自己不過是個滿心困惑的天路客、「浪子回頭」中的小兒子和大兒子。「有一道門為我打開。我走進去，眼前是一百道關著的門。」*盧雲在《負傷的治療者》序言引述玻切瓦（Antonio Porchia）的話，可能是他心底的回響。

盧雲對自己生命要求之嚴格、對自己心理狀況那手術刀般鋒利與無情的剖析，成了我們的啟迪。有一段他自己的話（引自《浪子回頭》〔*The Return of the Prodigal Son*〕序言），我認為是他著作魅力所在的最佳闡釋：「多年來我努力求見上帝一面——藉著細察人類經驗的多樣繽紛：孤單與相愛、憂愁與喜樂、怨懟與感激、戰爭與和平。我務求明白人心的起伏，辨明其中有一種饑渴，是惟獨那名為愛的上帝可以滿足的。我嘗試去發掘這一切：飄忽以外的長存、短暫以外的永恆、震懾恐懼以外的純全大愛、人類痛苦折磨以外的神聖撫慰。我不斷嘗試指出：在我們存有的必死本質以外，有一種比我們所能想像的更大、更深、更闊、更美的存在，而這種存在，是此時此刻可以被看見、被聽到、被摸著的——只要你願意相信。」

從盧雲第一本書，到他死後由別人編纂他手稿而成的書（包括本書），都是他以上一段話的演繹。如果硬要用幾十字去描述盧雲著作的主要信息，大抵是：我們都是上帝所愛；上帝曾經道成肉身，成為我們的榜樣；祂為我們設有具體召命，值得我們捨棄地上一切（哪怕要不斷「往下移動」），付出生命所有去追尋、去實現。

換言之，是最純全的福音信息。

黃大業

* 本文所有引文均為本篇作者另譯。

前言
亨利的明辨之道

亨利（譯註：本篇作者於此大多以盧雲小名“Henri”稱呼盧雲）是個極不尋常的天主教神父。他與許多人相處愉快，朋友遍及新教牧者、拉丁美洲農民、城市知識分子、美國國會參議員、富裕贊助人、身體殘障與智障人士。他的著作廣受歡迎，獲得世界各地無數讀者珍愛，包括名人諸如弗烈．羅渣士(Fred Rogers)、比爾．莫爾斯(Bill Moyers)，政治領袖如希拉莉(Hillary Rodham Clinton)。希拉莉曾經公開表示：在她生命中某個關鍵時刻，亨利的書《浪子回頭》對她影響至深。[1] 亨利的牧區無處不在，會友遍及遐邇。亨利是各式人等的神父，在人的順逆起伏中服事眾生。

在亨利近四十年聖職生涯中，他幾乎天天主領聖餐聚會，並在北美、南美、歐洲各地，主持過數以百計的婚禮、喪禮、洗禮。亨利是極受歡迎的輔導員、導師、教師，跟他面談過的人不計其數。亨利不會打字，也不會使用電郵，但幾乎天天寫信，他的書法秀麗。亨利的追隨者萬分欣賞亨利講述耶穌故事那高妙而虔敬的方式——這方式彰顯了他的信念：「耶穌的故事，就是我們的故事」；如同耶穌，我們也是上帝所愛的。

亨利一生軌迹出人意表，他常另闢蹊徑。你必須追溯他人生道上每個腳蹤，方可理解他的心路歷程。如果只往前看，那麼他每個抉擇都似乎是平地一聲雷。對亨利來說，「明辨」是每天的操練——事實上是每時每刻的操練，因為他發現自己蒙召去做的事，沒有模式或格律可依循。他踏進不可知領域，就像走繃索藝人踏進稀薄的空氣中，又似人在濃霧中摸著石頭過河——然而他的磐石耶穌，總在適當時機出現，他總不失腳。

亨利的屬靈導師，有傑納西隱修院（Abbey of the Genesee）院長約翰．猶底斯（John Eudes）、方舟團體創辦人范尼雲。亨利還有許多朋友，但他至終惟獨信靠耶穌，任祂指引他通往上帝之道。對亨利來說，耶穌是「凡事明辨」的典範——在所做的每件事上，都敏於體察並回應上帝同在的旨意。

亨利善於勘察人心暗穴，就像卓越的屬靈勘探專家，佩戴聖靈頭燈，使用一切可用的勘測工具——神學洞見、心理學發現、聖經、基督教神祕主義著作、歷代聖徒著作、其他宗教學說、文學、藝術、禱文、學術研究、周遊列國。亨利相信他在耶穌基督裏，已經找到靈命覺醒活水，因此一生矢志廣邀眾人一起飲於這永不枯竭的泉源。在亨利而言，耶穌就是那照在黑暗中的光——又是門徑、醫者、救主、教師、嚮導，只要人尋求與耶穌同住於心中那無限之境。

亨利強調，基督教的「明辨」，與「決定」(decision making)不是一碼子事。決定是直截了當的：我們考量目標與選項，列舉每個可能方案的利弊，然後選擇一個最能達成目標的行動方案。明辨卻不是這樣，而是關乎聆聽內心，找出心底與上帝旨意相合的意向，從而作出回應。明辨者仔細檢視心中的衝動、圖謀、選項，看看每個衝動、圖謀、選項，是引領自己靠近還是遠離上帝那對世人的愛與憐憫。

在亨利的講道及退修會，也在他三十五本著作中，可以發現一個明確、獨特的耶穌基督形象，這形象全然建基於聖經及天主教神學。要知道亨利心中的**明辨**是甚麼意思，就要重申一點：對亨利來說，耶穌這名字等於上帝持續不斷成為肉身，以人的樣式永恆臨在。亨利關注耶穌基督的超越性，耶穌基督不受時間制限，此時此刻與我們分享那被釘死，並從死裏復活的生命。亨利認為耶穌在世的生命，開拓了一個全新的人類經驗，令基督無始無終的成肉身成為持續不斷的事件，讓所有人——以至所有受造物——得以共享。終有一日，我們能夠學會隨時隨地辨識基督的面貌。亨利這個看法，常讓我想起中世紀道明會(Dominican)修士艾克哈(Meister Eckhart)的名訓：「平心靜氣，凡事望神」。

按亨利的理解，耶穌的名字是復活之基督的實存(reality)——復活的基督將人與上帝合而為一。耶穌是上帝，極盼在我們平凡人生中每時每刻與我們同在。亨利深信如果我們能夠與那不受時間制限的耶穌建立關係，生命就能漸漸改變，我們的意志就會與上帝的意志全然復和——也許這聯合要在人死後才可達至完全，但這聯合必可達至完全。亨利認為，基督教用在基督身上關乎時間的禮儀性詞語——昔在、今在、永在的那一位——表達了耶穌臨在的完全。對有信心的人來說，耶穌過去是、現在是、未來也是激活我們生命的神聖典範。

亨利認為要懂得明辨，個人應腳踏實地，從平平無奇的生活做起。他不想人覺得明辨是為了逃避生活中的壓力與衝突。相反，我們應邀請聖靈進入我們切身的經驗，進入我們的思想、記憶、憂慮、計劃。與其尋求一個沒有痛苦患難的生命，不如信靠耶穌在痛苦患難中與我們同在。我們必須坦然接受自己的患難——孤單、悔疚、愁苦、絕望、忿怒——然後向無微不至地愛我們的主敞開心扉。如此，愁苦會化為喜樂、敵視會化為款待、孤單會化為孕育各樣潛能的獨處——這是亨利的信念。譬如，在哀悼所愛之際，我們不要只顧假裝堅強，或強顏歡笑，或故作樂觀，反倒要讓耶穌與我們同負苦擔。亨利會說：你知道嗎？耶穌和你一樣，也失去了祂的所愛啊。

對亨利來說，一個人的明辨之旅，始於他開始尋求上帝——萬有之源——之時。有甚麼傳統可以幫助我找到真正的自我、召命、羣體？我個人的成長發展，與世界的需要有何關連？亨利從沒說過基督信仰是惟一的道路，甚或最佳道路。這是**他的**道路。這是他的「北」方。亨利深深相信，藉著信靠耶穌，並在信仰羣體的愛與指引下，每個人的生命都可以有根有基地長成，並彰顯耶穌在世的生命質素——對亨利來說，這些質素包括聖靈所結的果子（加五 22～23）：仁愛、喜樂、和平、忍耐、恩慈、良善、信實、溫柔、節制。亨利自己渴求這些素質，而他的服事也殷切地環繞兩個問題：我可以怎樣向世人傳揚耶穌改變之道？我可以怎樣讓人對福音這愛的信息有全新的領會？

「方舟」是天主教團體。亨利在多倫多「方舟黎明之家」擔任司鐸（編按：神父職務的正式名稱），十年間，幾乎天天主持彌撒，也主領不少洗禮、婚禮、喪禮。他樂意帶領慕道者加入天主教，卻也尊重「黎明之家」其他核心成員的非天主教信仰。亨利是忠心的天主教教徒，這是他的選擇，但他不認為每個人的選擇必須跟他一樣。亨利泰然接受別人的選擇。

亨利朋友遍天下，他不但是大家的朋友，也是神父，又是屬靈導師。亨利眼見別人對基督的愛不聞不問，因而受盡苦楚，他的心會淌血。亨利渴望幫助每個人——包括他自己——時刻緊記人的真正身分：蒙上帝所愛、蒙上帝揀選。亨利常掛在嘴邊的話是：「我蒙上帝揀選，不等於別人不蒙上帝揀選。我成了上帝所愛的，當我真心領受這份禮物，就會在環顧四周時看到，其他人也是上帝所愛的！」

在亨利其中一本暢銷書《浪子回頭》中，他反思到：那個浪子虛度半生，但父親願意接納他歸家；父親對兒子那毫無保留的擁抱，象徵上帝的父性和母性。如果我們也經歷了上帝這毫無保留的擁抱，從心底時刻反覆領受這真理，明辨，就變得容易了——因為當我們領受這蒙愛經驗，也就領受聖靈在心中，成為認識、感受、抉擇的軸心。聖靈指引我們，卻從不代我們決定與辨明。

亨利深明一事：靈命成熟需時，斷不可能一步登天。亨利認為我們天生有個傾向，就是忘記自己的真正身分——受造於那位慈愛有加的上帝。我們的真正身分，是按創造者的形象與樣式所造，而且蒙上帝所愛、蒙上帝揀選，正如耶穌一樣，乃是上帝所愛、所揀選的。但當我們忘記這身分——我們犯罪，我們叛逆，尤其身陷恐懼之時，就會變得自我中心，我們會抗拒這個在上帝裏的真正身分。

亨利認為，惟有放棄自我中心現實觀，才可以辨明生命與召命。眾所周知，這是困難之事。要摒棄我們對自己身分的看法，是令人不安甚至恐懼的；要撒手我們向來所有與所為，是令人恐懼的；要踏進生命那隱而未見、尚未可知的領域去面見上帝，是令人恐懼的。當然，我們可以選擇某某教會某某宗派某某屬靈路線，戒慎恐懼，規行矩步。然而，僅僅恪守戒律教義，道貌岸然，所能成就的亦不過爾爾。惟有我們真心摒棄內裏那渺小且備受文化影響而生的身分，才可以向聖靈敞開心扉——其實聖靈一直等候我們，渴望以上帝的愛澆灌我們，賜我們知識與智慧。我們願意走進這「捨棄自我」窄門，就會找到真理、真我、召命。

於「領受在上帝裏『更大的我』」此要事上，亨利忠於耶穌的宣稱：「得著生命的，將要失喪生命；為我失喪生命的，將要得著生命」(太十39)。在世人眼中，捨棄就是失喪；但在這裏，捨己弔詭地導向自由、找到真我之途，因為聖靈才是我們真正的軸心。亨利常常提醒我們，耶穌與聖靈的交往是多采多姿的：耶穌受洗時聖靈與祂同在；耶穌進到曠野與上帝相交，是出於聖靈引領；耶穌勝過魔鬼試探，也是出於聖靈引領（參可一12；路四1）。我們進入耶穌的故事，就會發現聖靈在耶穌身上動工；我們若深入自己的故事，也會發現聖靈在我們身上動工。耶穌提醒我們：「乃是你們父的靈在你們裏頭說的」（太十20）。

亨利相信聖靈內住我們心裏，是我們在基督裏新生命的軸心——明辨，亦由此生發。隨著時日過去，我們愈加信靠聖靈的啟迪，明辨就愈加容易——但我們必須操練自己，不讓自己失卻焦點。正如在汪洋中的水手，必須緊記目標與方向——我們要信靠上帝，晝夜思想我們想呈現的聖靈果子的特質。我們也要不斷檢視內在與外在生命，確保沒有遺漏任何事；要察驗聖靈同在的迹象，留心聖靈的邀請，聽取亨利所說的「心靈愛語」。

明辨是操練，需要我們培養信任、愛心、信心、盼望、勇氣。我們不可能百分百看清前路，也不可能看見心中的聖靈——事實上，我們沒有眼所能見的證據，證明聖靈住在心裏。我們接受這事實，信靠這可能，全然關乎信心。我們不能掌管聖靈：「風隨著意思吹，你聽見風的響聲，卻不曉得從哪裏來，往哪裏去；凡從聖靈生的，也是如此」（約三8）。從聖靈生，就是踏進一種聞所未聞的自由，信任聖靈比我們更認識我們自己，因此我們可以摒棄過去的小我，成為一個超越己所認識的自己。我們終於可以領受上帝的奧祕，這奧祕以前是身外的、超越的，如今住在我們裏面。

當我們完完全全接受自己是蒙愛的，就不再論斷自己或他人——因此，他人開始信任我們。當我們向聖靈敞開心懷，聖靈就釋放我們，讓我們也向他人，以至上帝的一切受造物敞開心懷。聖靈的殷勤，成了我們的殷勤，我們的意願也與上帝的意願連成一氣——這正是傳統對明辨所下之定義。我們所想的，就是上帝所想的——弔詭地，我們自覺比以前更能活出真我。

盧雲明辨之道，引領我們往哪裏去？我們會漸漸發現自己的生命少了混亂，少了躁動。我們會自覺少了擔心，少了恐懼。雖然偶爾仍會為恐懼與焦慮所困，但仍能夠向前邁步，踏進不可知之境遇中，嘗試創造新環境，提供或尋求幫助。我們會更能接受獨處、奧祕、無常、矛盾、含混。面對掙扎中的人，我們會更有耐性聆聽他們的心聲。我們會發現，在獨處中所體會到的內心平安，在與他人共處時也能感受得到。我們還會發現，自己少了論斷及責怪自己或他人的內心聲音。這一切都是聖靈同在的標記。

我們心中的聖靈，無礙於為了滿足自我而出現的糾纏與混亂。聖靈是永在且不變的，但聖靈澆灌在我們的生命裏，就以我們獨特的樣式與動力出現，光照我們一切生活經驗：我們的意識，還有我們感受、思維、想像、聆聽的質量與深度。我們心中的聖靈，令我們與他人在愛中互相結連。因此我們的身體與生命，成為基督的肢體，而聖靈就是不斷使我們合而為一的動原與媒介。

盧雲相信，隨著我們長成基督的身量，就能夠信靠內在經驗。正如身處生命之海的水手，只要定睛在遠處水平線上正在召喚我們的耶穌身上，就可以相信耶穌會指示我們正確方向。只要我們穩扶著舵，容讓聖靈推動我們，引導我們，即使我們落入愁苦、忿怒、孤單中，仍可以得到福氣。我們最深藏的身分，在我們意識深處，繫於聖靈居住、知悉、愛眷、引領之處。這是我們一切認識與明辨的默認領域。亨利在他一篇講道中（講於美國加州花園路水晶大教堂）作出宣言，是明辨這課題的基石：

> 上帝為你我造了一顆心，這顆心惟獨上帝的愛可以滿足。此外一切的愛，都是不完全的；可以是真的，卻是有限的，又必然是痛苦的。如果我們願意讓這痛苦修剪我們，便能更深刻感受蒙上帝所愛的實在，就能像耶穌一般自由，能夠在這世上行走，宣揚上帝那起初的愛——無論我們到哪裏去。[2]

鍾納思

導論
黑暗中的光明

在過去幾年，我益加渴想寫信給你們——我的密友、我以前及現在的學生、教區會友、筆友、親人、朋友，你們已經成為一個普世網絡。就在今日，我尤其覺得你們是一個羣體。我屬於你們，你們屬於我，而我們各人也彼此相屬——無論我們是否認識、曾否面晤、曾否擁抱。我們走在一起，乃是出於上帝的良善，因著超乎我們意願的理由，為要達成上帝的旨意。

此刻的我，身在法國里昂以南一個名為聖馬丹多（Saint Martin d'Août）的小村落，期望可以休息、禱告。這個位處德龍省（Drôme）山區的小鎮堪稱仙境，極目所見，是波浪般一望無際的耕地，隨著太陽緩緩落入隆河（Rhône）彼岸羣山。日光不斷轉移，田間的金黃、翠綠、寶藍⋯⋯數不清的色彩與光暗組合，生出萬千變化。我望著這一片片向日葵海與麥河，稍許體會到昔日梵谷（Vincent van Gogh）凝望亞爾（Arles）的麥田時的感受。

在一座遺世絕俗的教堂裏，我坐在祭壇前，環繞我的是歷世歷代沉默無聲的聖徒。我忽然心有所感：是時候招聚你們到我心中，以一種我前所未經歷的方式向你們講話了。我想講的，是我心中出現的一個新異象——關乎你們是誰、我是誰、我們這羣體又是誰。所以我呼喚你們來到這座空空如也的教堂裏——你們來自荷蘭、比利時、法國；來自玻利維亞、祕魯、尼加拉瓜、墨西哥；來自美國、加拿大；來自其他時空。你們是學生、教師、神父、牧師、律師、醫生、銀行家、工程師。你們有富有貧，有忙碌有失業，也有已經退休的。你們有人快樂有人愁。

我不將自己看作你們的導師，卻看作你們的朋友，一個經歷了漫長旅程，學了一些重大教訓而不想據為己有的人。我已經走到這樣一個人生階段，真心覺得人與人之間那些明顯卻美好的差異，與那將我們結連一起的合一力量相比，實在是微不足道。我們之間的「一」（unity），遠遠超越我們之間的「多」（diversity）。

親愛的朋友，我認識你們，大多出於你們的問題、傷痛、擔憂，以及深切渴求明白人生的意義。你們與我分享孤單、分離、疏離、缺乏歸屬感、情緒不安、性的掙扎、思想的混亂，以及對父母、師長、教會、社會的忿怒。你們又與我分享你們嘗試尋求心靈平安的各種方法。你們見過輔導員、心理學家、屬靈導師。你們參加過各種醫治聚會、研討會、退修會。你們又經常改弦易轍，包括生活方式、學習、專業。

你們有些人棄絕了自己的過去；有些人接納了世人早已淡忘的古老智慧；有些人遠赴東方尋求大師指點迷津；有些人已經認定一切宗教都是枉然；有些人已經拋卻向來對自己的節制，定意任讓肉體及心靈的慾望率性發揮；有些人已經離棄世人珍視的享樂，嚴加壓制自己的身體及情緒需要；有些人仍對世間的聲望與成功野心勃勃；有些人不再顧念世人稱賞，只顧念那看不見的聖靈同在。

所有你們曾經選擇的方向、曾經作出的抉擇，我都深深體會。很少道路是我不曾走過的。你曾經覺得被壓迫？我也被壓迫過。你曾經求教於導師？我也求教過。我和大家一樣，曾經為新書、新理論興奮不已，曾經寄望於心理學新風潮、屬靈新風潮，曾經信任新英雄，曾經花力氣用新方法務求改變自己及他人。你們和我並非很不一樣。我們同屬一個時代、一個社會，而在這時空之內，沒有甚麼界線或禁區。

教會之內意見與異象之多，與教會之外不遑多讓。這地方的德行，那地方可以稱為罪行；而這地方的罪行，那地方又可以稱為德行。方圓一里內，人人說著想著截然不同的事，過著截然不同的生活，有著截然不同的行止。你有莫大自由去選擇你的想法、說法、行止，而無論你選擇甚麼，總有人稱讚你、有人怪責你——卻也只有極少人干涉你。你我各自身處自己所建構的世界裏。這是何等可怖的自由！誰能身處其中而不迷失呢？

似乎你們——我的延伸羣體——加起來是一個縮影，代表人類想得出來的一切方向。我看見有結婚的，離婚的；有委身一個伴侶的同性戀者，有不限於一個伴侶的同性戀者；有竭誠委身事奉、心無旁騖的守獨身者，有深以守獨身為壓制與重擔的守獨身者。我看見內心經歷深重黑暗、度日如年的朋友，有喜樂溢於言表、前程無可限量的朋友。我看見富甲一方、位高權重的社會棟梁，也看見僅堪餬口、百無聊賴、毫無尊嚴的小人物。你們全都是我的朋友。

無論你是誰、身處甚麼景況，我在禱告中都看得見你，而且與你感覺親近——這並非濫情，卻無非因為我也曾經歷你的景況，明白你心底的痛苦與喜樂。我愈凝望你我心底的狀況，愈察覺我們的失落。既有錢又成功者，與既窮困又失敗者同樣失落；既健康又強壯者，與既羸瘠又軟弱者同樣失落；神父與牧師，與律師、醫生、商賈同樣失落；教會與社會中堅分子，與放棄自己天天等死之人同樣失落；喜愛運籌帷幄、積極變革世界者，與懷疑一切、否定一切進步者同樣失落。

生命中，在上帝的愛以外，人人都像汪洋中沒有錨的船一般迷失。我們獨立蒼茫，沒有圍牆保守，沒有地板可踏，沒有屋頂遮頭，沒有指引之手，沒有關愛的眼睛，沒有指引正路的憐憫之情。

親愛的朋友，我們必須認識黑暗，才能夠學會尋找光明；必須先體會失落，才懂得尋找人生的意義、目標、方向。我想與大家分享的，是走出黑暗，尋獲光明之道。

明辨之道，始於禱告。禱告就是穿越存在的幔子，容讓自己追隨一個實在的異象——無論你怎樣稱呼那異象：「看不見的實在」、「神明」、「更高的力量」、「聖靈」、「基督」。我們禱告的對象不是自己，而是「祂」——祂願意顛覆我們，祂渴望臨在，祂有能力引領我們。向上帝禱告的人，可以穿越黑暗，體悟萬有之源。

本書講論屬靈明辨。我們會從獨處和羣體的明辨講起，還有聖經稱為辨別諸靈的恩賜及其操練之道。在獨處和羣體中，藉著擁抱黑暗，我們終能尋獲光明。神聖指引，可以來自我們讀的書、欣賞的大自然、遇見的人、經歷的事。藉著明辨操練，我們可以察驗呼召，尋找召命；我們可以向上帝的臨在敞開心懷；我們可以發現真正的自己；我們可以確定何時應該行動、何時應該等候、何時應該聽候帶領。屬靈明辨，是源遠流長的基督教操練，有豐富的智慧成果。這都是我想在本書跟大家分享的主題與篇章，惟願大家花時間用心聆聽。

你的生死之交

亨利[1]

第一部

甚麼是明辨？

1

在獨處及羣體中
操練明辨

願你們在一切屬靈的智慧悟性上，滿心知道上帝的旨意；好叫你們行事為人對得起主。

西一 9～10

明辨，是一種屬靈悟性，關乎經驗知識，使人察驗上帝在日常生活中的積極參與；這種悟性乃是藉著屬靈操練而獲得。明辨，就是忠信地生活和聆聽，體悟上帝的愛與引導，從而踐行個人召命和羣體使命。

從定義開始總錯不了，但讓我先勾勒出關於明辨的一些宏旨與功課吧。我曾在熙篤會（Trappist）一所隱修院當過一段短時期修士，[1] 試圖辨明自己的呼召，究竟是隱修式生活，還是較入世的教學和服事。記得有一天我途經一座不曾進過的大樓，裏面一堵牆上，有一幅複製品畫作，是畫家德菲（Hazard Durfee）的傑作《笛手》（*The Flute Player*），畫作下有一段文字，是梭羅的名句：

> 我們為何如此汲汲於成就，熱中於營營役役？某人不選擇與同伴一樣的步調，也許因為他聽著不一樣的鼓聲。讓他隨著所聽到的樂聲踏步吧，管他合拍或走板。[2]

我細看德菲畫中樂師那平靜、全神貫注的臉，覺得明辨就像「聽著不一樣的鼓聲」。記得有一本梅頓傳記，書名就是《不一樣的鼓手》（*A Different Drummer*）。[3] 當年梅頓捨下喧騰的學術圈，選擇隱修式生活，我也想知道自己有沒有同一呼召，應否作出同一抉擇。

我愈深究《不一樣的鼓手》，愈發現自己忐忑不安，尋尋覓覓。我實在太容易受自己的衝動與幻覺所纏累了。我在傑納西的日子，開始想通一事：我們聆聽聖靈，就是聆聽一個深沉的聲音，一個不一樣的節拍。屬靈生命一大行進，是從一個耳聾的生命，變為一個聆聽的生命；從一個自覺疏離、孤立、寂寞的生命，變為一個聆聽上帝的引領與醫治的生命。上帝與我們同在，永不會撇下我們。我們所參與的許多活動、佔據我們時間的許多大小事、包圍我們的許多聲響，都攔阻我們去聽那「微小的聲音」——上帝的同在與旨意，卻是藉著這「溫柔、微小的聲音」向我們啟示（王上十九12）。

要有成熟的屬靈生命，就要聆聽上帝在我們心裏，以及在我們中間的聲音。上帝啟示的大好信息不僅是「我是」，卻也是上帝在我們生命每個時空的積極臨在。我們的上帝，是一位關心、醫治、引領、指導、挑戰、質詢、督責我們的上帝。明辨，首要是聆聽上帝，留意上帝的積極臨在，順從上帝的提醒、引導、帶領、指示。

我曾經從教席退下，進到一個羣體靜修，因我發現不斷授課、到處遊歷的生命，實在難以在生活中看見上帝。我授課太密、講學太多、太多文章要寫、太多人要見——我快要相信這世界不能失去我了！然而，我仍害怕獨自一人，忍受不了一天空閒，雖然我渴求獨處和休息。我矛盾得很。

當我們的心聾了，就不會察覺到生命中有任何重要事情發生。我們不斷逃避當下，卻又努力試圖製造一些令生命有價值的經驗。所以我們將時間表塞得滿滿，務求避開空虛的感覺。但如果我們懂得聆聽，就知道上帝在不斷向我們說話，引領我們前路，指示我們方向。我們只須學會豎起耳朵。明辨，就是聆聽深沉的聲音，選擇不一樣的步調。明辨的人生，就是專心聆聽的人生。

聖經中的明辨

使徒保羅在歌羅西書的一段話，很能表達明辨精義：「願你們在一切屬靈的智慧悟性上，滿心知道上帝的旨意；好叫你們行事為人對得起主」（西一 9～10）。保羅口中的「屬靈悟性」，是明辨、直觀、感知的知識，通常在獨處中尋獲。人得到它，就能洞燭萬事**相互關連**，得以在時空中找到自己的定位，明白上帝的旨意，做上帝的工作。

明辨是「看透」

有了「屬靈悟性」，就能看清楚、聽清楚萬事之間那奧祕的相互關連（「沙漠教父」稱之為「默觀自然要義」——一種靜觀萬事萬物如何相連的視野）。明辨讓我們「看透」事物表相，進到深沉意義，體會上帝的愛如何互相效力，以及我們在世的獨特位置。明辨有助我們認識自己在創造中的真正身分、在世界中的召命、在歷史中的獨特位置，全是上帝的愛之彰顯。

感知、看透、體悟、察驗上帝的臨在，就是明辨的意思。開心見誠面對真實的存有，是屬靈默觀操練的成果。操練明辨的人，比較懂得內省；相比之下，那些生活忙碌的人，沒有時間深究事物表相下的奧義。生命中最奧妙之事，總是尋常感官不會察覺的，必須從屬靈途徑才可獲得。許多時候，生命中最奧妙之事，很容易逃出我們的眼睛，因為人太容易因為忙亂而失去專注力了。

默觀精義，不是「**看**」（look at）事物，而是「看**透**」（look through）事物——進到事物核心，繼而發現一個屬靈美境，是比那粗陋的物質世界更真實，更有質量、密度、能量、力度的。因此「希臘教父」（他們都是默觀大師）也被稱為「看透教父」（diaretic fathers；diaretic 的字根 *diarao* 意思是「看穿」、「看透」，也就是看到事物核心）。希臘教父明白問道者內心的掙扎，因為他們看得透問道者的表相，進到他們靈魂深處。

耶穌當然有能力看得透、看得真。譬如使徒約翰告訴我們：「耶穌卻不將自己交託他們；因為他**知道**萬人」（約二24）。這直觀感知，是明辨的本質。

明辨是「被看見」

約翰福音記述耶穌「看見」樹下的拿但業的方式，常令我訝異不已。耶穌在面晤拿但業前，已經稱讚他說：「這是個真以色列人，他心裏是沒有詭詐的！」然後二人在路上碰面，拿但業驚訝地問耶穌：「你從哪裏**知道**我呢？」耶穌回答說：「腓力還沒有招呼你，你在無花果樹底下，我就**看見**你了。」耶穌「看透」無花果樹下的拿但業，這是耶穌心中的明辨，令拿但業禁不住驚呼：「拉比，你是上帝的兒子，你是以色列的王！」耶穌回應道：「因為我說『在無花果樹底下**看見**你』，你就信嗎？你將要**看見**比這更大的事……你們將要看見天開了，上帝的使者上去下來在人子身上」（約一 47 ～ 51）。

這個論及看透事物核心的奇妙故事，引發一個深刻的問題：究竟我想不想毫無保留地被耶穌看見？想不想被耶穌認識？如果想的話，我心中會生出一種益發增添的信心，這信心開我眼睛，讓我看見天國，它也顯明耶穌是上帝的兒子。我願意被看見，就能夠看見奇事。我會獲得新眼睛，可以看見上帝生命的奧祕——但我必須任讓上帝看見我——我的一切，甚至連我自己也不想看見的部分。

我在傑納西隱修院的日子，獨處之際，發現從心底湧出不少怒氣，同時渴望鶴立雞羣，得人景仰。我漸漸看見自己的本相：我在各樣事上努力，無非是為了自己的名聲，而不是上帝的榮耀。

只要我們願意自己看見、被上帝看見，就能找到上帝臨在的徵兆，並藉感官獲得上帝的引領。明辨成為新的看見（以及被看見）之方式，我們藉此領受上帝的啟示和引導。這種從心而來的知識，使我們行事為人，與所蒙的召命相稱(弗四1)。

明辨，所為何事？

明辨，是為了明白上帝的旨意，就是尋找、**接受**、**確認**上帝的愛在我們生命中彰顯的獨特方式。明白上帝的旨意，就是在尋找我們最重大的召命，並盡心竭力踐行這召命時，積極與上帝建立親密的關係。這斷不是消極地屈從於一個強加諸我們頭上的外在神明力量，卻完全是積極地等候上帝差遣——上帝也一直等候我們。[4]

與上帝建立關係，是辨明上帝旨意與引導的先決條件。正如一切關係，除了有吸引的感覺，也會有被拒的感覺；除了感恩，也有怨懟；除了被愛，也有恐懼。我們隨著對自己及上帝的新發現，信心之路會有起伏高低。在我們與上帝的互動關係中，有一件事是肯定的：「我們縱然失信，他〔上帝〕仍是可信的，因為他不能背乎自己」(提後二13)。

接受上帝的旨意，不等於聽天由命。相反，我們積極等候聖靈動工與提示，然後辨明我們該如何回應。我們與上帝既然是愛的關係，就必須經歷愛的兩難——何時該付出、何時該接受？然後信靠順從愛的呼召。

在聖靈裏重生

耶穌用愛的眼光看人的景況，又教導我們「從上」去看自己和他人——而不是「由下」去看——因為烏雲會遮蔽我們的視線。耶穌對門徒說：「我從上而來；我也願意你們從上而重生，以致你們可以用新眼光看事物」（參約三 3）。這是屬靈神學的要義所在：用上帝的眼光看現實。

世上可以看的事物太多了：大地、天空；太陽、月亮、星星；各式各樣的人；大洲、國家、城市、小鎮；過去、現在、未來之事。所以世上有這麼多不同的神學。聖經幫助我們用上帝的眼光去看現實的雜沓紛紜，可以辨明正道，在此時此地看得清楚。

行事為人與所蒙召命相稱者，乃是已經「從上而重生」，能夠用信心眼睛去看，用屬靈耳朵去聽。明辨生命者的標記，是一心一意：他們只有一個渴慕，就是在一切事上明白上帝的心，成就上帝的旨意。套用耶穌對尼哥底母說的話：「行真理的必來就光，要顯明他所行的是靠上帝而行」（約三 21）。他們緊繫於上帝的愛，以致對他們來說，萬事意義與目標，都是從上帝的愛去理解與考量。他們只問一個問題：「令聖靈喜悅的是甚麼？」他們在安靜獨處中，只要聽到聖靈的聲音，就會聽從聖靈的提示而行——就算令朋友不快、令環境被打擾、令仰慕者惶惑，也在所不計。

有屬靈悟性、藉聖靈重生的人，看來都是特立獨行的——不是因為心理學訓練或個體化的影響，而是聖靈的果效，聖靈「隨著意思吹，你聽見風的響聲，卻不曉得從哪裏來，往哪裏去」（約三 8）。靈性重生，就是生生不息地向上帝開放，任讓耶穌的靈在我們心裏隨意運行。

真正「重生」的人，時刻渴望不斷更新，因為聖靈不斷揭示在他們裏面及外面的黑暗之處——就是還沒有被光明轉化的暗角。只要我們一息尚存，在同赴光明路上，人人都需要更新、需要加深屬靈悟性。

獨處中的明辨

在禱告中獨自與上帝相交的結果，必然導向與上帝的子民相交，然後是服事世人。[5]不過論到這個屬靈進程，我們還是從獨處講起吧。獨處首個功課，就是學習察覺上帝的同在，就是「住手，要知道我是上帝」(詩四十六10；《聖經新譯本》)。我們獨自面對上帝的時候，聖靈在我們心裏禱告。第一個功課，就是建立一個簡單的屬靈操練習慣，天天撥出獨處時間與空間。

我在隱修院的日子，起初以主日為特別日子，其餘六日則填滿工作和教學。其後幸得公禱時間幫助，我漸漸融入一種新體驗——包括對時間及經歷上帝同在的體驗。在許多打亂我及打擊我的思想紛擾中，我重回獨處的懷抱，獨處實在是通向上帝同在的康莊大道。初時我是在圖書館操練獨處，後來漸漸也能夠在自己房間的靜謐中獨自面對上帝。

我鼓勵你作出類似的立志，天天撥出時間禱告默想，獨自面對上帝。獨處禱告的傳統方法，是默想聖經，就是從福音書選出一段，或是詩篇某章節，或是保羅書信某章節，反覆思想——你可以在心中築起一堵圍牆，好讓自己集中精神。閱讀背誦經文，不為充塞時間、限制思想，乃為獨處設定邊界。偶爾亦可從經文選出隻字片語，不斷反覆誦唸。有人覺得坐著比較容易集中精神禱告，也有人覺得站立或走動有助心思與身體感受上帝的同在。在操練初期，精神容易潰散，背誦鑰字或金句，有助集中精神。精神集中了，專注和意識就能夠漸漸從頭腦轉到心靈，然後長時間停駐，與上帝心心相印。[6]

「神讀」[7]是獨處的另一個好操練：閱讀一段經文三次，然後細想當中吸引我們注意的字詞、片語、意象，就能漸漸察覺聖靈臨在我們心中。這種閱讀不為增加資訊，或學習技能，而是一種靈修，任由上帝「閱讀」我們，回應我們心底的慾求。因此，神讀是慢條斯理、從容不迫、默想式的閱讀，讓字句進入內心，向靈魂問話。神讀，是以敬畏且開放的心閱讀聖經，聆聽聖靈在當下要告訴我們的話。除了聖經，許多著作也可用作神讀：猶太教或基督教靈修經典、講論靈命的當代文章、神學反思佳作、屬靈自傳、聖徒傳記、信仰羣體故事等。至關重要的，是我們**怎樣**閱讀——不為明白上帝、控制上帝，乃為被上帝明白、被上帝陶造。

在禱告時間加入代禱事項是好的，就是將我們所知在苦楚中掙扎者交託上帝，尤其那些與我們一起生活或工作的人。我們為一些人定時禱告，那些人在我們及上帝心中就佔了特殊位置，他們會得幫助。這些幫助有時很快出現，有時需要一點時間。此外，我們心中會生出一個羣體，一個愛的羣體，可以在日常生活中加力給我們。在禱告結束前，我們可以緩緩背誦主禱文，又或教會或其他基督教宗派禱文。這些「規範的」禱文將我們與上帝的子民結連一起，也與禱告的眾教會結連一起。我在傑納西並其後的日子，經常有從閱讀報章而來的代禱負擔——世上的悲劇與世人的驕傲，都是我的代禱事項。

聖靈在我們心深處動工，深到一個地步，我們未必能夠時刻覺察聖靈的同在。聖靈的果效，比我們的思想或情緒來得深沉，因此刻意設定禱告的時間與空間是重要的。我們通常沒有意欲禱告，心思紛紛揚揚。既然欠缺動機，又難以專注，禱告時間豈不成了一種浪擲，徒勞而無功？然而，堅持不懈是重要的，必須緊守天天花時間與上帝同在的承諾——就算腦袋、心靈、身體都不願意作出任何配合！只要忠於禱告時間，聖靈就有機會在我們心中動工，更新我們，幫助我們順服上帝的旨意。在禱告的神聖時間與空間，我們最深沉、隱蔽、脆弱的部分，都能被上帝觸動，令我們更能察覺上帝的同在，也更開放自己，任由上帝引領，進到愛之境地。

尋常時間可以化為神聖時間。我們可以每天騰出一刻鐘、一小時以至數小時，分別出來歸給上帝。要有健康的身體、情緒、靈命，就要好好分配時間。要預早計劃何時禱告、何時神讀、何時參加集體敬拜等。生活作息有序，並有神聖時間與空間穿插其間，對靈命甚有益處，使我們明辨時期待這些「更新時刻」。

羣體中的明辨

明辨始於獨處，不過尋找上帝的個體，總會聚集成為羣體，因為聖靈會招聚所有信徒結聚成為一個身體，彼此負責，互相支持。但凡誠實尋問上帝旨意與真道的人，總會加入羣體。

我自己是在傑納西隱修院，開始體會到羣體生活不可或缺。我學會烤麵包、搬石頭、與弟兄禱告。我能否與上帝保持親密關係，取決於我能否在羣體中愛人，與人和睦同居。

在隱修院那幾個月，教曉我一件事：屬靈生命，須在羣體中活出來。自此我無論何往，總會努力創建羣體。過去幾年，我定意在加拿大「黎明之家」服事——住在心靈貧窮者中間，服事眾人，靈命被上帝陶造，個人抉擇向羣體交代，也尋求羣體支持。「黎明之家」隸屬方舟團體，是一個身體、精神殘障及智障者與照顧者同住的地方，藉此向世人表明一種盼望。「黎明之家」雖然微不足道，不為人知，卻欲向世人宣告：仁愛比恐懼更有力，喜樂比憂愁更深邃，合一比分裂更真實，生命比死亡更強大。在「黎明之家」生活，乃是不斷作出抉擇，這些抉擇與世上執政掌權者的抉擇判然有別。我們在羣體生活中體現福音信仰，學習明辨。

在基督信仰羣體中生活為我們提供具體而微的機會，不斷操練明辨功課——就是細意留心上帝的作為和旨意。我們所面對的抉擇，是不容許含糊其詞的，必須用心考量、交流，就著關乎個體與集體之動機與方略的基本假設展開討論：我們只與窮人**同工**，還是與窮人**連成一線**？我們是虛耗光陰，還是把握時機，不斷探索自己、探索鄰舍、探索上帝，務求知得更多？我們每天只顧隨心所欲、及時行樂，還是顧念心靈成長，變得更成熟、更堅強？面對內心的恐懼與傷痛，我們是置若罔聞，還是勇敢面對，在恐懼與傷痛中前進，並與幫助我們的人同行？我們愛説話，還是禱告？愛憂慮，還是感恩？愛看刺激感官的圖象，還是激發喜樂的圖象？喜歡與忿怒為鄰，還是喜歡與和平之子為伍？

這些問題表明我們時刻都在作出抉擇：是否靠向上帝的道路和旨意？這些抉擇都不容易，因為這個世界總認為我們在浪費時間。有太多發揮才幹的大好機會了！有太多錢可以賺取了！有太多名聲、學識、成就可以獲得了！有太多榮譽、榮銜可以到手了——只要我們拋開屬靈理想主義，「識時務」地轉去追隨世人的抉擇。

羣體中的明辨——具體建議

具體的屬靈操練，有助建立羣體中明辨的背景與架構，這涵蓋教會年曆不同節期，以及每天信仰旅程的關鍵時刻。當然，指引不過是指引而已，難以包羅所有人或所有信仰羣體所有情況。但無論如何，以下具體建議是「黎明之家」的經驗之談，可能對其他信仰羣體有幫助。

神聖時間與空間

信仰羣體首務，是開闢神聖時間與空間，讓上帝在特定時刻與地點，重塑我們的心靈、生活、人際關係。藉著羣體中的神聖時間（例如列出敬拜、禱告、禁食、讀經、相交的時間表）、神聖空間（例如小教堂、靜修室、退修會、家居、大自然），作為上帝兒女的我們，可以於忙碌生活的催迫與壓力外，專心聆聽上帝的話，也學習彼此聆聽。以「黎明之家」為例，我們有小教堂和退修中心，鼓勵大家安靜平和、休養生息、研讀屬靈生命、與他人分享信仰旅程心得、獨自敬拜、參加公禱等。換言之，是聚集一起，教與受教；在小組中分享，彼此陶造靈命；尋求屬靈指導；又或者操練屬靈明辨，以致更能開放自己與上帝同在。

羣體敬拜

「黎明之家」的敬拜集中在小教堂舉行。那是一個外表樸實無華，內裏充滿色彩的地方。我們天天在小教堂舉行聖餐與公禱，參加者包括來自各行各業、各宗派的朋友，各人分享獨特的屬靈恩賜，以及個別的敬拜方式——方式不拘一格，敬拜則同心參與。我們呈獻喜樂與哀傷，分享歡笑與眼淚，向上帝敞開心懷。我們聆聽上帝的道，以及勉勵、勸誡、盼望的話。在敬拜中，小教堂成了聖所，也是屬靈陶造與明辨的特殊場所。公禱過後有安靜的時刻，眾人聆聽上帝的話。

在講道和聖禮環節，我們極力排除催迫與娛樂成分。我們聚集，是要成為屬靈的身體，彰顯上帝的臨在。我們唱詩、讀經、跳舞、靜默、禱告，所有禮儀都為開拓空間，讓上帝能夠作工。我們力求從容不迫，加插靜默時段，並以簡單為美。

屬靈教導

信仰羣體本質，就是提供非正式和正式的屬靈生活教導。多涉獵各家各派聖經研究及神學反思，包括經典的與當代的，還有不同的靈修傳統、歷代靈修作者，以及當代社會議題和屬靈生活，對我們有極大好處。我們兼收並蓄，鼓勵羣體中每個成員呈獻他們的想法，分享對聖經的觀點，並講述自己一生的故事。重要的是，即使沒有時間進行系統式研讀學習，卻渴慕深入了解自己生命和工作的人，也有機會接受整全的教導及屬靈陶造。如果看不到生命所在的光景，有些人會落入一個危機，就是丟失自己的屬靈根源，以及所屬信仰羣體的神學道統。教導是重要的，因為它影響個人禱告、集體敬拜、「神讀」意欲，以至明辨操練。人希望明白上帝的計劃和旨意，卻沒有恆常禱告、讀經、與上帝的子民相交，就無異於人希望烘製蛋糕，卻沒有集齊所需材料！明辨是信仰生命的延伸，這信仰生命本於羣體。

這就是基督羣體的恩賜：聆聽、分享、敬拜、禱告、音樂、書本、圖像、休息與飲食、言與行、笑與哭——神聖時間與空間，分別出來，「嘗嘗主恩的滋味，便知道他是美善」（詩三十四8）。

新眼光

當基督羣體提供神聖時間與空間，讓我們操練明辨，我們就能夠漸漸進到上帝的居所，以全新的眼光看自己、鄰舍、世界。這「眼光」不需要智性知識、精密洞見、明確意見——它不過是分享對上帝心意的知識、分享更深邃的智慧、分享生活與愛的全新方式而已。

明辨讓人看見新的優次、方向、屬靈恩賜。我們醒悟過來：前所珍之重之的事，突然不能再轄制我們。我們向來渴求成功、受歡迎、具影響力，但隨著與上帝的心漸漸靠近，這些事漸漸變得不大重要。我們甚至赫然發現，前所珍重的目標，漸漸不再記起，反而內心經驗一種奇妙的自由，渴望邁向新的呼召或方向。我們開始曉得欣賞耶穌在拿撒勒看似平平無奇的瑣屑生活。最大的獎賞，是發現一個事實：隨著一天比一天更多禱告，上帝的旨意——就是上帝愛我們及世人的具體方式——日益一目了然。

為上帝提供機會

屬靈明辨源於聖靈。人所能做的，是竭力打造神聖時間與空間，還有架構與界線，讓上帝向我們說話。

基督羣體提供獨特的機會，以供屬靈陶造與明辨。我們一同蒙召，以上帝為生命的核心，期待上帝向我們說話、引領我們、保守我們、從心底更新我們。我們回應上帝的呼召，以特定的方式活出召命，是出於我們自由的選擇。我們的羣體幫助我們作出這選擇，也幫助我們活出這選擇。因此，上帝真的能夠令我們成為黑暗中的光明，成為世人盼望之源。說到底，這才是屬靈明辨的真正目的。

明辨建基於屬靈操練，但這並非一步接一步的歷程。明辨需要學習聆聽，辨認我們心中、日常生活中上帝的聲音、上帝的性情。下一章，我們將會探究使徒保羅所說的辨別諸靈是甚麼意思——要學習聆聽聖靈的話，就必須曉得分別甚麼屬於上帝、甚麼不屬於上帝。

明辨的操練

1. 明辨關乎看見、認識、被認識。你想被上帝看見嗎？你想被真正認識嗎？——就是一切內裹思想、外在行止，都在全見全知的上帝面前赤露敞開。試寫一封信給上帝，坦白承認你生命中那些不願意被上帝查究的部分。當然，上帝早已知道這些事了，這不過是為你而設的操練，讓你看看自己生命中有哪些部分是想保密的。你找到這些部分了，就向上帝禱告，求上帝幫助你用祂看你的眼光去看你自己（及你生命中那些脆弱的部分）。

2. 「從上頭生」（約三7；參《呂振中譯本》）的人，行事為人務求得聖靈喜悅。試列出所有行止及心思意念，是你認為可以得上帝喜悅的。試寫一首詩或歌，表達你對上帝的讚美與感恩，因為上帝的良善洋溢在你生命中。

3. 請給你的屬靈羣體下定義。獲准可以認識你、查考你生命的是誰？如果你想到誰對你瞭如指掌、關懷備至，請向他（們）寫一封致謝短函，感謝他（們）關心你的生命。如果你想不到有誰可以隨時扶持你、勉勵你，請你開始禱告，求上帝告訴你誰可以成為你的屬靈伙伴，並你應該如何栽培這關係。獨自一人的明辨，容易陷入迷惑！我們需要彼此。

4. 在你的日常生活中，有甚麼行為（默想、禱告、詩歌、聖餐、靜默、服事世人）最能令你聽到上帝的聲音？回想你辨明上帝臨在的時刻，那時你在做甚麼事？那時你在哪裏？關於神聖時間與空間對我們的重要性，以上反思向你啟示了甚麼洞見？

2

真理的靈，謬妄的靈

> 辨別諸靈是終身差事。明辨之道，就是矢志一生不斷禱告、默觀、與聖靈密切相交——此外別無他途。
>
> 盧雲（《感恩！》，頁13）

我在傑納西隱修院的日子，讀到克利馬古（John Climacus）的名著《登向上帝的階梯》（*The Ladder of Divine Ascent*），論到惡行與德行，並如何制伏邪惡權勢，擁抱良善力量。我邊讀邊禱告，反覆思量這段話：

> 若有〔修士〕受他們昔日壞習慣所轄制，卻仍能言教，就讓他們〔繼續〕教吧，但不可讓他們掌權。因為，也許有這樣的可能：他們因自己的教

導感到羞愧，終於能夠在言教之外，也開始身教。

《登向上帝的階梯》是嚴肅的作品，卻有這樣的恩言，這一方面是安慰，另一方面是警戒。此外重要的，是它似乎概括了我的經歷和關注：怎樣能夠不斷縮短身教與言教的差距？怎樣克服自己言行不一，以致在屬靈生命的事上，不但可以言教，更可以身教？不過，就算我身教不及言教，常因自己教導感到羞愧，但原來我的掙扎——務求脫離「肉體的律」、順服「聖靈的道」——仍可以成為有類似掙扎者的幫助與激勵！階梯約翰（John of the Ladder；譯註：克利馬古的別號）指出，就算「身陷流沙與泥沼」的人，也有功課可供他人學習：

> 他們自身難保，卻可告訴道旁過者，他們是如何落入陷坑的，藉此令聽者得救，不致重蹈覆轍。然而，為這拯救他人之恩，全能上帝至終會救他們脫離泥沼。[1]

如今我反省自己的生命，我多年前獲按立為神職人員，又曾在傑納西隱修院作短期修士，此去經年，我依然覺得自己在上帝的聖民中是最小的一個。回顧一路走來的日子，我發現今日的我，仍舊被多年前纏繞自己的問題所纏繞。雖然經過許多禱告、短期退修、朋友勸導、專業輔導、告解聖事等，但似乎沒有改變多少。我仍然是那副不安、焦躁、緊張、煩亂、衝動的樣子，與剛剛踏上這屬靈之旅的我一模一樣。我仍然尋覓內心的平安與和諧，企圖化解心裏許多衝突。隨著步入金色年華，偶爾我亦難免為這屬靈生命停滯不前沮喪不已。使徒保羅在羅馬書所描述的內心交戰，正是我的內心交戰：「因為我所做的，我自己不明白；我所願意的，我並不做；我所恨惡的，我倒去做⋯⋯立志為善由得我，只是行出來由不得我⋯⋯我覺得有個律，就是我願意為善的時候，便有惡與我同在。因為按著我裏面的意思，我是喜歡上帝的律；但我覺得肢體中另有個律和我心中的律交戰⋯⋯」

這樣，「誰能救我脫離這取死的身體呢？」我與使徒保羅一起禱告說：「感謝上帝，靠著我們的主耶穌基督就能脫離了」（羅七 15～25）。

辨別諸靈

我知道自己有個傾向，就是將人分為「善」和「惡」——好像我有能力看透人心，可以確定他人的行為動機！不過我也明白，人皆被惡所困，也有諸般限制，因此人人都需要恩典憐憫。既然一切人與事，都有多重動機與抉擇，學習辨別諸靈，就是必須的了。

明辨，不關乎評斷他人的動機，卻關乎辨別「有益指引」與「有害信息」，辨別聖靈與邪靈。這個必備的辨認，聖經稱為**辨別諸靈**，乃是為了保護，而非為了評斷。

明辨（希臘文 *diakriseis*，亦可稱為屬靈判斷、悟性、察驗、估量、區別）既是屬靈恩賜，也是屬靈操練。新約聖經關乎明辨的概念，見於羅馬書十二章 2 節；哥林多前書一章 19 節，四章 4 節，十一章 29 節，十一章 31 節，十二章 10 節，還有希伯來書四章 12 節。至於**辨別諸靈**的概念，則在新約聖經出現了三次：哥林多前書十二章10節直接論及它是屬靈恩賜之一；希伯來書五章14節提及靈命成熟的人：「他們的心竅習練得通達，就能分辨好歹了」，換言之，它是屬靈操練；羅馬書十四章1節提及「信心軟弱的，你們要接納，但不要辯論所疑惑的事」。一言以蔽之，明辨是一種屬靈能力，令人可以辨別或區分兩股敵對的力量。「因為情慾和聖靈相爭，聖靈和情慾相爭，這兩個是彼此相敵，使你們不能做所願意做的」（加五17）。

懂得明辨的人，能夠辨別一個行動或信息是否出於聖靈、察驗一個人所說的話是否真理。雖然使徒保羅將它列為個人屬靈恩賜，但正如所有恩賜一樣，其實都應該行使在羣體中。

辨別諸靈是終身差事。除了矢志一生不斷禱告默觀，與聖靈密切相交，我再想不到別的操練明辨之道。這樣的生命，會慢慢萌出一顆敏銳的心，讓我們能夠辨別肉體的律、聖靈的律。

我在接近五十歲生日時，去了玻利維亞學習西班牙語。我又在尋覓召命的旅途上了！我應該留在神學院教導那些聰明的菁英學生，還是上帝在呼召我前去住在貧窮人當中？此外，在日常生活中，我也常常要辨別諸靈。記得有一天在哥查班巴（Cochabamba）街頭，我突然覺得被一股破壞力量籠罩。按我的經驗，在某些日子，我會尤其察覺到聖經所說「執政的、掌權的」存在。那天我在市中心騎著腳踏車，經過一家電影院，看見幾羣少年在街角閒蕩，等著下一部電影開場。我停下來，牽車走過一家書店，滿目都是渲染暴力、色情、閒話的雜誌，還有五花八門、極盡挑逗能事的廣告，來自世界各地的低級趣味……我覺得這世界沉淪幽暗，邪惡權勢完全不將我放在眼內，罪惡誘惑快要將我吞沒……這充斥世間的可怖現實——饑荒、核彈、酷刑、剝削、強姦、虐兒，形形色色的壓迫——我好像瞥見這一切背後的惡、並它的根如何悄然無聲、偷偷摸摸在人心中滋長。魔鬼實在很有耐性，想方設法破壞吞滅上帝的工作。在那一刻，我深深感受到世上的幽暗力量。

我漫無目的地走了一會，決定騎車到我寄居處附近一所隱修院去。那是一所小小的加爾默羅（Carmelite）隱修院。我遇見一位修女，她很友善，邀請我到小教堂一起禱告。她滿有喜樂平安，散發光采。她不用講解甚麼，她的存在已足以讓我明白「光照在黑暗裏」是甚麼意思。我又看見壁上有兩幅畫像，是大德蘭和小德蘭（Thérèse of Lisieux；又稱里修的德蘭）。這兩位聖徒在她們的世代教導眾人：上帝以微妙、隱約的方式向人說話，我們若能聽見，心中必有平安與確據。我恍然大悟，就在那一刻，兩位聖徒提醒我：還有另一個世界、另一種生命、另一種愛！我跪在這個小而簡的禮拜堂中，滿滿感受到上帝的臨在。這所毫不起眼的小教堂，因著眾聖徒晝夜不停禱告代求，成為光明之所，邪靈在這裏沒有任何立足之地。

這個經歷讓我再度體會一事：在邪惡肆虐之處，上帝一點也不遙遠；在上帝彰顯臨在之地，邪惡也不會缺席太久。我們要不斷作出抉擇：是奔向愛與生命的創造力量，還是落入恨與死亡的破壞力量。我也不例外，必須一次又一次作出抉擇。沒有人——甚至上帝——可以代我作出抉擇。

反省過後，我漸漸看清一事：其實我相當了解黑暗與光明之別，只是我並不必然有勇氣指出兩者之真相。總有一種誘惑，驅使我將黑暗視為光明、將光明視為黑暗。認識耶穌、讀耶穌的話、向上帝禱告，能幫助我們區分惡與良善、罪與恩典、撒但與上帝。這種明辨催促我選擇通向光明之路，不畏不懼，不偏不倚。誠實無偽的生命，就是心思、意志、情感合一，從而選擇光明的生命。

抵擋黑暗

人最大的試探是甚麼？金錢？情慾？權力？這些圈套似乎明顯不過，我們也很容易落入其一，甚或所有。按照隱修院傳統，成員立誓矢志貧窮、獨身、順服，正是幫助修士與修女抵擋金錢、情慾、權力的試探，專心跟從耶穌的道。但我年紀愈大，愈發覺最大且最具破壞力的試探，可能不是上述三樣事。我懷疑最大的試探是自棄。有沒有這個可能——在貪婪、縱慾、成就的誘惑背後，其實隱藏著一個最大的恐懼，就是永不滿足，或永不可愛？

當落入試探，我總傾向怪責自己，不僅怪責自己怎麼做了這樣的事，更怪責自己怎麼是這樣的人。我不會仔細探究身處甚麼環境，或嘗試理解自己或他人的缺失，卻總是選擇自棄自責。我的陰暗面說：「我不是好東西。我是理應被排斥、漠視、拒絕、拋棄的。」自棄是屬靈生命最大的敵人，因為自棄與神聖聲音剛剛相反，那聲音說我們是上帝所愛的。我們是上帝所愛的——這是我們存在的核心真理。[2]

怎樣辨明「你要謙卑」的聲音與「你無價值」的聲音？你要知道，謙卑與自棄，是風馬牛不相及之事。你必須先有真心的自尊，才可以有真心的謙卑。謙卑生命斷不能建基於自棄——自棄必然帶來控訴、嫉妒、忿怒，以至暴戾。自棄是最危險的試探。對此我有親身體會：每當我覺得自己沒有價值、沒有用處，「甚麼都不是」的時候，我知道自己又站到崖邊，前面是孤立及無盡的陰暗情緒。

我知道只有在自己的絕望中找到盼望，才可以為他人帶來盼望。偶爾我會身陷自己的陰暗漩渦中，找不到一絲盼望。如果我仍然身處絕望，還怎能夠清心直說盼望之事呢？我對自己的感覺和情緒無能為力！許多時候我只能任隨它們經過心窩，相信它們不會停駐太久。

當我需要操練明辨，大德蘭的呼召——專注於上帝的良善——曾多次幫助我對抗諸如絕望、自棄、恐懼之幽靈，憑上帝的權能，勝過黑暗權勢。當我必須辨明我所聽見、所經驗的是否來自上帝，就會用大德蘭的禱文來禱告：“*Solo Dios basta*”（單單有上帝已經足夠），向上帝慢慢唸出這幾個字，能夠幫助我進入上帝的同在。上帝的同在中，有平安，有確據，知道上帝永遠與我同在，上帝永遠愛我。

不要讓任何事煩擾你，
不要讓任何事威嚇你。
凡倚仗上帝的人
必一無所缺。
不要讓任何事煩擾你，

不要讓任何事威嚇你，

單單有上帝已經足夠。[3]

尋找光明

惟有當我們全然聯繫良善與生命力量，才可以抵擋邪惡與死亡權勢。當我試圖直搗黃龍，向黑暗權勢叫陣，我總會覺得力量盡失，與自己生命的源頭失去聯繫。明明我要去打垮黑暗權勢，怎麼反而成了黑暗權勢的俘擄？這實在太容易了！當我全神貫注於對抗死亡，死亡反而獲得它不配得的關注！四世紀埃及沙漠教父的話甚有智慧：「不要直接對抗鬼魔。」他們的智慧是：直接與邪惡權勢對壘，需要非常成熟的靈命程度，惟有少數人可以勝任。與其花太多精力關注黑暗之王，沙漠教父建議門徒注目觀看光明之主，藉此間接地，卻是無可避免地，對抗黑暗權勢。

在黑暗、恐懼與絕望的脆弱中，大德蘭的屬靈摯友十架約翰（John of the Cross）述及一種光，是亮得人眼受不起的——我們可能難以直視這光，但在這屬上帝之光中，我們可以尋見我們「存有」之源。我們活在這光中，雖然不能理解它。這光釋放我們，讓我們有能力抵擋一切邪惡，在黑暗中依舊忠信，默默等候上帝的臨在與榮光全然向人彰顯的那一天。

回顧過去，如果單憑自己，我實在不能經常找到這光，或行在這光中。我需要信仰羣體弟兄姊妹的愛與支持。如果沒有他人禱告代求，我的屬靈生命是不堪設想的。太多重大決定要做、太多課要教、太多承諾要兌現，但同時太疲倦、太愁煩、太憂鬱了，難以想像還怎樣撐下去。我不能禱告了。我騰不出時間踏入光中——就算我有時間，但我心中已經失去平安。我常覺得自己的禱告既空洞又徒然。記得有一次我又落入拉鋸中：一方面想行善，另一方面想容讓自己跌進自棄與黑暗中。我必須辨明一切。我決定寫信給十二個朋友——他們愛我，願意為我禱告。我懇求他們在未來三十天，每天為我禱告。我在信中講述我靈裏枯乾，還有我心底的恐懼。不久後我就經驗新力量。就算我自己禱告還是非常軟弱無力，但我漸漸感覺自己在一個以禱告為支撐的網絡中。我知道自己屬於一個屬靈家庭，家人將我帶到上帝面前——我感覺自己是活躍於禱告羣體的一分子。就像有人替代我的禱告職分，我不用再擔心了。

一個起初似乎不可能實現的任務，結果達成了；一些我擔心會評斷我的人，結果成了我朋友；一些原本似乎不能勝過的試探，結果不過是暫時滋擾。在那三十天裏，我不斷感受到為我禱告的朋友與我同在。如今我比以前體會更深了：那支撐我的禱告，為我帶來生命。

向聖徒禱告而得的幫助

在那可怖的日子，朋友忠誠代禱，為我帶來力量。除此以外，我也感覺到教會一些聖徒或教會歷史上的聖徒與我格外親近——他們忠心的見證與力量，成為我患難中的指引。他們鼓勵我努力操練明辨，活出屬靈生命。在我掙扎之時，我總會求他們為我禱告。

提起聖徒，人們總是記起他們的神聖與敬虔，腦海中浮現他們頭上的光環，還有狂喜的眼神。然而，聖徒其實是很親民的。不論他們仍然在世，或已經加入了「如雲彩般環繞我們的見證人」行列，在我們需要之時，他們總可以成為幫助。聖徒其實是像我們一樣的人，過著平凡生活，面對平凡疑難。他們之所以是聖徒，全因為他們對上帝及上帝子民有清晰而堅定的專注。聖徒是我們的弟兄姊妹，呼喚我們加入他們的行列。

使徒保羅論到屬於基督的人，稱呼他們為「神聖子民」或「聖徒」。他寫信給他們，稱為「在基督耶穌裏成聖、蒙召作聖徒的」(參林前一 2；亦參弗一 1)。我們既身為聖徒，就屬於一個龐大網絡，名為上帝的子民。我們每個人都成為繁星裏的一顆，在宇宙暗夜中閃耀。

成為聖徒羣體一員，就是與所有蒙聖靈改變的人連結一起。這連結既深厚又親密。這是一個蒙上帝分別出來的子民，要在黑暗中發出光芒。這連結涵蓋遠古遠方的人。一眾在耶穌裏的弟兄姊妹，雖然早已離世，卻永遠活在我們心中，就像耶穌經歷死亡，卻永遠活在我們裏面一樣。

我常常覺得不可思議，一些被稱為「聖徒」或「神聖子民」的人，雖然死了，卻似乎不曾離開我們。他們的死，似乎使他們打破了在世存活的限制，令他們得以與在世時不可能結識的人相聚一起。上帝不斷向我們說話，藉著聖徒的生、死，留下故事，令我們相聚一起。

聖徒就是那些進入上帝的榮耀，以新方式成為我們鄰舍的人。「鄰舍」法文 *prochain*，字源 *proche*，意思是「近」。那些全然活在聖靈裏的人，無論是死是生，都能夠招聚我們，引領我們。藉著死，他們成為你我的新鄰舍。譬如說，小德蘭在世時寂寂無名，但如今成了許多人的近鄰，要效法她的聖潔生命。同樣例子當然還有聖方濟各(Saint Francis)、聖本篤(Saint Benedict)、聖依納爵(Saint Ignatius of Loyola)，還有許多可能永不會獲天主教教會封聖的聖徒，例如：羅梅羅(Oscar Romero)、桃莉思·黛(Dorothy Day)、蜜芙·荷潘(Marthe Robin)，還有許多我們今生不認識的，卻曾經是我們生活中的鄰舍，他們死後又成了全新的鄰舍。

蜜芙·荷潘的代禱

曾否試過在一個正義與邪惡、光明與黑暗曾經激烈交戰的地方禱告？我試過，在玻利維亞一所小教堂裏，無數忠信聖徒也在這地方禱告過，好像為我做了預備工夫。其後還有一次——我為操練明辨，在一個地方禱告，那是蜜芙·荷潘(1902～1981)生、老、病、死之所在，一座尋常農家平房，位於法國南部小鎮沙托納德加洛爾(Châteauneuf-de-Galaure)小丘上。

我在一九八四年去了法國北部小鎮特羅斯利(Trosly)探訪方舟團體。方舟團體創辦人范尼雲的母親向我講了許多荷潘的軼事。荷潘是二十世紀的不凡聖徒，在自己的身體經歷了耶穌曾遭受的某些苦楚。她的故事傳遍天下。在我暫住方舟團體的日子，荷潘是最重要的屬靈導師之一。記得我曾跪在她那又小又暗的房間中(只有一盞小燈亮著，勉強看得見東西)，感覺來到一個地方，這地方曾有一位耶穌的門徒，為耶穌激烈爭戰。眼下之地，曾經有一個純樸農家女，在生命每時每刻作抉擇——良善與邪惡、上帝與撒但、生與死。我突然對使徒保羅的話有了新的體會：

> 要穿戴上帝所賜的全副軍裝，就能抵擋魔鬼的詭計。因我們並不是與屬血氣的爭戰，乃是與那些執政的、掌權的、管轄這幽暗世界的，以及天空屬靈氣的惡魔爭戰。所以，要拿起上帝所賜的全副軍裝，好在磨難的日子抵擋仇敵，並且成就了一切，還能站立得住。
>
> 弗六 11～13

我在荷潘故居禱告一次後，決定要再次並儘多回去禱告，而且每次要加長一點時間、加增一點深度。如今荷潘是我最重要的屬靈導師之一。思想荷潘一生，並在她昔日禱告之地禱告，有助我抵擋邪惡，尋求上帝的智慧。

在一些經常有人禱告的地方，我發覺自己較易禱告；相反，在不曾有甚麼人禱告的地方，我會較難禱告。這對我是大事，因為我常常出差——在空空的火車廂、旅館房間，甚至安靜的書房內，總是好像有靈界力量攔阻我禱告。但在荷潘故居，我毫不費勁就禱告了大半天。那是我所經歷的極為罕見的內心平安。以下讓我告訴你荷潘的一些不凡故事吧，她一生是忠信生命模範，告訴我們一個禱告的生命，怎樣帶來辨明善惡的能力。

一九一八年，年輕的荷潘領受召命：全然結連於耶穌的受苦。一九二六年，她患了一個怪病，父母以為她必死無疑。

病中，聖女小德蘭向她顯現了三次，説她一定不死，而且呼召她餘生接續聖女小德蘭在世職事。其後不久她身體癱瘓，四肢不能動彈。父母將她移到一張沙發牀上，她在那牀上一躺就是五十年，那牀也是她安息的地方。

一九三〇年，她告訴人説，她聽到耶穌問她：「你想不想一切事都效法我？」那是一個呼召，邀請她經歷耶穌的受苦——不但是身體被釘十架的痛，也是內心那巨大無比的苦楚。面對這邀請，荷潘一口答應。

此後每逢週四晚至週一，她都會專注於與耶穌在客西馬尼園經歷往加略山的苦痛連成一體，與耶穌在十字架上的死亡連成一體，與耶穌從死裏復活的喜樂連成一體。每逢週二及週三晚，她會接見訪客，跟他們談論人生，以很單純、很童真的方式呼召他們歸信，告訴他們耶穌對他們的心意。她吩咐一些人開辦教會學校，另一些人開設退修中心或小型羣體——這些機構如今還在。她也收到許多來信，要求指引及代禱。

一九三六年二月十日，荷潘與到訪的范尼神父（Father George Finet）有以下對話。觀乎此段對話，可見荷潘這個受過大苦的人，確乎能夠站在他人位置進行明辨。

「神父啊，上帝要我告訴你，你必須來沙托納開辦第一所『仁愛之家』（Foyer de Charité；退修中心）。」

范尼神父大吃一驚，回答説：「但我不屬於這教區啊。」

「這有甚麼關係，是上帝的心意啊。」

「抱歉，我倒沒有這樣想過！但我要負責甚麼呢？」

「很多事，尤其是退修的事。」

「但我不知道怎樣進行啊。」

「你會學到的。」

「是三天退修嗎？」

「不，三天改變不了靈魂。上帝要求五天。」

「五天裏要做甚麼呢？討論？分享？」

「不……要完全靜默。」

「完全靜默？我怎能要求婦女和女孩完全靜默？」

「因為上帝這樣要求。」

「但如何讓人知道有這樣的退修呢？」

「你不可以提起這事。上帝會引領人到你面前來參加退修。」

我有機會親身向范尼神父印證上述對話。其時范尼神父已經八十四歲，他帶我去看建於二次大戰期間的第一所退修中心，就在荷潘故居不遠處。時至今日，全世界有五十七所「仁愛之家」退修中心，為成人提供屬靈退修機會。這個陶造平信徒靈命的普世退修運動，竟然源於一次對話。今日，數以百計平信徒在這些退修中心全時間服事，幫人發掘恩賜以及上帝救贖大功的奧祕。荷潘辨明上帝的旨意，知道有這樣一個使命，將它告訴一位開明而忠信的神父。

我懷疑有部分讀者會快快略過以上章節——人實在太容易以為昔日那些受大苦、常禱告的人，根本不會明白今日信徒跟隨上帝所要經歷的試探！請看荷潘一生吧，她渴慕上帝徹底活在她的生命裏。她將身體獻上，為上帝所用，成為上帝發言的器皿。[4]

我曾使用大德蘭的禱文禱告，幫助我專注於上帝的良善。我也曾使用荷潘的一篇禱文，幫助我經歷上帝的同在，進而降服在上帝的引領下——就算在苦難與混亂中：

願上帝悅納我的記憶，並它一切細節，
願上帝悅納我心，並它一切感受，
願上帝悅納我的才智，並它一切能力；
願它們只尋求祢最大的榮耀。
願上帝悅納我的意志，
因我呈獻祢跟前。
不再是我所願，我最親愛耶穌啊，
乃是祢所願！
悅納我⋯⋯接受我⋯⋯引導我。
引領我！我全然降服在祢腳下！
我獻上自己，成為小小祭牲，
放在愛的壇上，放在讚美感恩的壇上，
為祢聖名的榮耀，
為祢愛的喜悅，為祢聖心凱旋，
並為祢在我裏面及周圍的旨意，
得以完全實現。[5]

耶穌和祂的聖徒

耶穌當然是「在上帝同在中度日」之最佳導師。藉著死與復活，耶穌與祂的門徒無比親近——他們不但能夠與祂同在（live with him），還可以住在祂裏面（live in him），藉著祂而活（live through him）。耶穌的靈又在五旬節奉差遣而至，令門徒可以與祂更親近，遠超祂受死前的程度。門徒又能夠藉著聖靈領受上帝的引導。我們也能夠。當我們學會辨明心中及世間的光明權勢與黑暗權勢的分別，就能夠找到一些有助禱告的地方——忠信聖徒也曾經在那裏禱告。我們不知道如何禱告，聖徒禱文可以幫助我們。我們可以與信仰中的鄰舍親近，無論他們仍然在世，還是活在書本中，都可以向我們說話，引導我們生命。

明辨的操練

1. 盧雲回顧一生，發現一些問題是他掙扎多年的。他仍然是個不安、焦躁、緊張、狐疑、衝動的人。退修和禱告不能消除這些掙扎。然而，他依舊相信上帝愛他，上帝會引領他，上帝容許盧雲指導他人——雖然他的問題仍未解決。你說得出你生命中掙扎多年，使你渴求明辨與引導的問題嗎？這些問題如何令你成為他人的幫助？
2. 盧雲在玻利維亞尋求上帝心意的日子，有一天突然覺得被黑暗籠罩，包括挑逗感官的傳媒，還有空虛的紛擾，攔阻他聆聽上帝的聲音，於是躲進一所小教堂裏，尋求平安與幫助。當你被黑暗與混亂的感覺籠罩，你會逃到哪裏？盧雲去的小教堂，還有蜜芙．荷潘故居，成了盧雲的避難所，也是他禱告求上帝引導的地方。你呢，你會去哪裏？如果沒有答案，你可以如何找到一個避難所，是已經有忠信聖徒在那裏禱告過的？
3. 盧雲在受試探或絕望之時，會使用他人，譬如大德蘭、蜜芙．荷潘的禱文。你如果不知道怎樣禱告，又或似乎無法勝過黑暗權勢，會使用甚麼禱文或經文禱告？試使用本章提及的禱文禱告；你可以按你的需要作出修改。

4. 按照盧雲得上帝引導的經驗，可以總結出如下模式：當我們察覺到黑暗出現，需要明辨之際，就到一個你知道有人禱告過的地方禱告，那是你的避難所；你的禱告要專注在上帝的良善與光明，而非在黑暗；讓他人為你代求；尋找信仰中的「鄰舍」（不論他們在世或已不在世），成為你的導師，幫助你在患難或混亂中仍可以活出信仰。這也是你的模式嗎？如果不是，按你過去明辨的經驗，你可得出甚麼教訓？你必須知道，上帝的引導會在黑暗日子出現，只要你懂得辨明活出信仰之道。
5. 建議「神讀」經文：約翰一書一章 1 至 10 節。
6. 詩人的禱文：「我是你的僕人，求你賜我悟性，使我得知你的法度」（詩一一九 125）。

第二部
辨明上帝在書本、
大自然、人、
世事的引導

3

讀取前路

上帝時刻向我們說話，方式多樣，
但必須有屬靈明辨
方可聽到上帝的聲音，見上帝所見，
讀到日常生活中的徵兆。

盧雲

沒有人可以獨自辨明日常生活的徵兆。我們求助於宗派傳統，以及他人旅途經驗所得與紀錄。所以大多數人尋問上帝前路時，會求助書本及其他閱讀方式。閱讀通常等於搜集資訊，獲取新知識見，掌握技藝，這可以是學位、文憑、證書。然而，這和「神讀」是兩碼子事。神讀不但是閱讀屬靈事物，更是以屬靈方式閱讀屬靈事物。這不但需要願意閱讀，也必須願意被閱讀；不但需要願意掌握字句、也必須願意被字句掌握。如果單為獲取知識去讀聖經或屬靈著作，對屬靈生命是沒有助益的。

我們可以對屬靈事物瞭如指掌，卻仍然不是真正的屬靈人。我們以屬靈方式閱讀屬靈事物，是向上帝的聲音敞開心懷。明辨所需要的，不但是以心閱讀，更是願意放下書本，單單聆聽上帝藉著書中內容對我們說的是甚麼。

我想與你分享我從梅頓學習所得。梅頓是二十世紀重要的屬靈先驅，教導我們藉著書本閱讀上帝引導之徵兆。我會闡述梅頓的某些影響和詮釋，再加上我的一些詮釋，希望藉此表明，閱讀智者著作（無論作者是否仍然在世），可以幫助我們找到歸家的路。

上帝引導的徵兆

一九六七年，我在革責瑪尼隱修院（Gethsemane Abbey）短期退修，在那裏見到梅頓。我對梅頓的著作欣賞已久，對他仰慕有加。梅頓對我影響極大，雖然他不大察覺我的存在。[1] 其後我用荷蘭文寫了一本書，講論梅頓操練屬靈生命之道，以及從梅頓學到的閱讀上帝引導徵兆之道。時至今日，梅頓仍是我的楷模，示範怎樣藉著書本，包括修士及神祕主義者所說的「大自然之書」，尋求上帝的引領。梅頓也親身示範怎樣閱讀日常生活所遇見的人，以及時代事件和徵兆。上帝時刻都在向我們說話，但我們必須有屬靈明辨，方可聽到上帝的聲音，見上帝所見，讀到日常生活中的徵兆。

梅頓回應上帝的呼召，與舊有生活訣別，丟棄世俗，進到美國肯德基州一所熙篤會隱修院作修士，這不是一條容易的路。引導梅頓作出這抉擇的，有好幾個徵兆：他所讀的書、在大自然的經驗、遇見的人、發生在自己及世界的幾件大事⋯⋯都在這位尋求上帝引領的年輕人心中烙下印記。同樣，對我們來說，留意日常生活中的徵兆，就是一個起點，可以導向更深入、更有條理的明辨及屬靈反思。當我們效法梅頓發問：「這本書或這經驗，究竟在啟示甚麼屬於上帝的信息？」我們就能得到新悟性，踏上順服上帝引導一生的道路上。

上帝怎樣藉書本說話

十六世紀聖徒、耶穌會（Jesuits）創辦人依納爵是在閱讀聖徒生平時歸信基督的。我很明白這是怎麼一回事，因為每當讀到某位聖徒的生平，我也會經驗一種強烈的呼召，要效法那位聖徒的愛心、忠心、熱心。然而，不但獲封聖的聖徒可以感召人歸信，也不但「如雲彩般的見證人」可以激勵我們的屬靈生命。事實上，所有忠心活出基督生命的人——不論在世或只在回憶中——都可以在我們的屬靈生命中留下既深又好的影響。閱讀上帝忠僕的生平軼事，譬如依納爵、加爾各答的德蘭修女（Mother Teresa of Calcutta）、亞西西的方濟各（Francis of Assisi）、小德蘭、十架約翰、大德蘭、勞倫斯弟兄（Brother Lawrence）、泰澤的荷杰弟兄（Brother Roger of Taizé）等，那感覺就像在這些獨特的聖徒之引領下踏出了這世界一會兒，再回到這世界中。他們都經歷過我的掙扎，卻以不一樣的方式面對。

高薩德離世逾二百年後，他所提及的「當下的聖禮」（sacrament of the present moment）仍舊向我說話。高薩德有本小書論到禱告，向我們宣告說：上帝每天每個時刻，都在向我們說話，啟示祂的旨意。我們只要每天獻上簡單的禱告，就可以辨明上帝的同在和引領。他說：「只要我們在禱告中捨己，每個時刻就成為聖禮，就是喜樂、感恩、憑愛領受上帝旨意的聖禮。」[2]同樣，十七世紀末勞倫斯弟兄的足迹與屬靈典範，幫助我「不住禱告」，就是常懷感恩的心，在每天平凡的生活作息中，察驗上帝的同在。[3]

引領梅頓歸向上帝的著作與作家

梅頓自傳《七重山》（*The Seven Storey Mountain*）首句這樣寫道：「在一九一五年一月最後一天，在寶瓶宮的閃耀下，在一次大戰中，在毗鄰西班牙的法國山巒蔭下，我出生了。」[4]單單這句描述，顯示我們活在這時代，是何等需要辨明我們的核心身分。梅頓多年以孤兒自居，游弋於法國、英國、美國之間，從沒有以任何一國為家。難怪他最後以隱修院為安樂窩，這是他可以安身之所——一個屬靈家庭，可以梳理無盡無窮、爭議不休的各派思想；又是一個美學寶庫，讓書本、教會意象與藝術，繼續向他啟示上帝的事。他所讀、所見、所經驗的一切，都指向一個更大的問題：我可以毫無保留地相信甚麼、服從甚麼？

一九三五年，梅頓入讀哥倫比亞大學（Columbia

University），他當時已是博古知今，尤其是文學經典——這得力於他教父的指點。他在英國時已開始涉獵諸如海明威（Ernest Hemingway）、喬依斯（James Joyce）、勞倫斯（D. H. Lawrence）、伊夫林·沃（Evelyn Waugh）、格雷·格林（Graham Greene）的作品。此外，他年輕時日記已滿載不少對名家著作的評點，包括布萊克（William Blake）、聖奧古斯丁（Saint Augustine）、阿奎那（Thomas Aquinas）、但丁（Dante Alighieri）。他博覽羣書，滿足對知識的渴求，也為尋求旅伴。有兩本哲學鉅著，尤其引領他深入堂奧，是倫敦文學圈未能滿足他的：一本是吉爾森（Étienne Gilson）的《中世紀哲學精義》（*The Spirit of Medieval Philosophy*），另一本是赫胥黎（Aldous Huxley）的《目的與手段》（*Ends and Means*）。

梅頓從吉爾森學來一個指導生命的經院式概念是「自存」（*aseitas*）：[5] 上帝是純粹存有、非偶發、獨立於任何存有之外——梅頓在《七重山》述及「自存」是上帝的屬性，澎湃而有力：

> 這詞只能用在上帝身上，表達上帝最獨特的屬性。從這詞我發現一個嶄新的關於上帝的概念，這概念讓我猛然發覺一事：原來天主教信仰斷不是我所想像，停留在科學時期之前的空泛迷信。恰恰相反，這個關於上帝的概念，不僅高深、確切、簡明、精準，而且充滿超出我想像能力的引申義——卻是我隱隱測度得到的，雖然我欠缺哲學訓練。[6]

上帝是純粹、自足、超越的存有，是一切生命的根基，又是一切存有的源頭，而不是天上一個擬人化的慈祥「爺爺」——這概念令梅頓開懷，亦吸引他邁向基督教神祕主義神學省思。他在經院哲學神學打好基礎後，自信能夠探究其他領域的靈性作品。他的對象十分廣泛，包括艾克哈、莊子、禪宗、印度教、伊斯蘭蘇菲派（Sufis）等。[7]

另一位令梅頓欽佩不已的作者是赫胥黎，他的《目的與手段》挑起梅頓對東方神祕主義的興趣。梅頓形容赫胥黎「學識淵博，尤其精通各式基督教及東方神祕主義著作，因此作出令人驚詫的結論：這些著作決非夢境、法術、招搖撞騙大雜膾，而是非常真實、非常認真的作品。」[8] 赫胥黎扭轉梅頓對克己（捨己）的理解。赫胥黎説：「我們要與野獸有所區別，就要藉著禱告與克己，讓心靈得釋放。」梅頓向來以為**克己**就是藉著禁制人性慾求扭曲自然性向，赫胥黎卻讓他明白：惟有藉著克己，心靈才可以認識自己，尋到真神。梅頓起初還是有點抗拒，不過心底隱約覺得，聖靈正在引領他踏進這方向。

跟隨梅頓

梅頓踏上「克己自知」之路，以致從心底獲得對上帝的經驗式知識，是出於一種屬靈洞見——我研讀一些對梅頓心靈影響至深的作品，也得出同樣的屬靈洞見。我曾效法他的腳蹤，致力涉獵東西方神祕主義著作，尤其是論述克己主義的基督教神祕主義作品，譬如東方教父作品，並深深獲益。

套用四世紀沙漠教父的說法，我們要拒絕一些思想與行為，才能順服那位超越一切思想與行為的上帝。正如一位教父所言：「在波動的水面上，你不會看得清自己的臉；同樣，除非你的靈魂清除了外來思想，不然難以在默觀中向上帝禱告。」[9]

昔日北非沙漠教父、教母，拋下今世的敗壞、妥協、不冷不熱的靈性，持定獨處、靜默、禱告為新生活方式，為被釘死而復活的主作活生生的見證。他們丟棄權慾薰心的社會的種種壓制與操控，在沙漠與魔鬼爭戰，也體會上帝的大愛。他們捨下「正常」的基督教社羣，背起捨己和克己的十字架，回應那「激進」的呼召：離開父親母親、兄弟姊妹，去上帝所引領的地方。他們是新時代的殉道士——大逼迫停止後，殉道士不再以鮮血作見證，卻以專一立志過卑微的生活作見證：勞動、禁食、禱告。

捨己和克己的沙漠，就是教父教母的埃及沙漠，也是我們的屬靈沙漠，它有兩重性質：是曠野，也是天堂。它是曠野，因為在那裏，我們要與攻擊我們的「野獸」爭鬥，還有苦悶、憂愁、忿怒、驕傲等鬼魔。然而它也是天堂，因為在那裏，我們可以與上帝相遇，嘗到上帝的平安喜樂。沙漠教母辛克萊蒂卡（Syncletica）說：「凡親近上帝的，起初必有掙扎，還有許多工夫，但後來必有難以言喻的喜樂。正如生火，起初只有煙，薰得流眼淚，但後來必見成果。所以我們要在心裏付上眼淚和努力，點起上帝的聖火。」（《荒漠的智慧——沙漠教父語錄觀點》〔*Desert Wisdom: Sayings from the Desert Fathers*〕，參本章註釋 9，原書頁 xii ～ xiii）

這些四世紀沙漠教父教母以智慧著稱，難怪許多人——平信徒、神父、主教——從城鎮走到曠野訪尋他們，要得到指導、引領，以至一句安慰話。亦難怪沙漠教父教母也確認他們的一項天職，就是款待訪客，幫助窮人。他們相信最嚴苛的克己，也不及服事鄰舍重要，正如一位教父所言：「就算有一弟兄禁食六天，再鈎著鼻子掛起自己，也不及另一弟兄服事病者。」

梅頓買了十架約翰全集首冊，希望藉此學習克己和默觀式禱告，但不知道從何入手：「我在書中劃線，標示重點，那些字句含義精妙，令人心馳神往，但意思似乎太簡單了。書中的意思太明顯了，不像我慣見的含糊與委曲——其時我自命不凡，思想受許多偏好所扭曲。」[10] 不過梅頓努力鑽研，不久更開始一種克己生活（其時梅頓在聖文德學院〔Saint Bonaventure's College〕任教，還未成為修士），因此漸漸體會那位十三世紀西班牙神祕主義者（譯註：指十架約翰）所描述的「暗夜」（dark night）的意思。

梅頓又從十九世紀作家小德蘭的作品得知，成聖與默觀，在平常民眾生活中也可進行。人毋須退到沙漠，也可以尋到上帝。屬靈深度不是某些菁英羣體的專利。梅頓論到小德蘭說：

> 有一事我大致認為是不可能的，就是恩典不大可能穿越中產階級思想那又厚又韌的沾沾自滿，抓住表層下的不滅靈魂，以致促成甚麼好事發生。愚見以為，這些人頂多只能成為無害的道學先生——聖人嘛，不可能！……然而，當我稍稍明白聖女小德蘭的品格和靈性後，馬上被她深深吸引——這種吸引是恩典的果效，因為，我告訴你啊，

我不過縱身一躍，就越過萬千的心理障礙和邏輯矛盾了。她的靈性「小道」顯明一個道理：一個委身於上帝大愛的靈魂，會在日常生活中結出忠信行為的果子，得上帝喜悅。

如果說赫胥黎啟蒙梅頓明白克己、小德蘭教導梅頓靈性生命之道，那麼，引領梅頓進入默觀式禱告的，就是依納爵了。《神操》(*Spiritual Exercises*)在梅頓書架上放了好久，但他始終心存畏懼，因為他「不知道從哪裏得來一個印象：如果你不留神，神操會令你一頭栽進神祕主義深淵——而你還懵然不覺」。不過梅頓還是敵不過禱告和默觀的吸引，於是自行設計操練功課：

> 按我記憶所及，我花了整個月在神操上，每天一個鐘頭。我會在下午靈修一小時，在位於佩里街的房間中——其時我房間向著內街，所以沒有擾人的喧聲，實在是頗安靜的地方。那時是冬天，可以關上窗户，避開數不清的鄰居收音機響聲。
>
> 《神操》說房間要盡量幽暗，所以我將百葉簾放下，僅僅夠光讓我看得見文字和牀頭壁上的十字架。書中又說要想清楚用甚麼姿勢默想最好——它給人的自由很大，只要是可以長時間保持的姿勢就可，不然你會在房間中徘徊、抓頭皮、自言自語。
>
> 我為這重大的難題想了又禱告了一陣子，最後決定採用這樣的默想姿勢：盤腿坐在地上。如果耶穌會的人來到我房間，看見我用聖雄甘地的坐姿進行他們的靈性

操練，定必目瞪口呆。但這姿勢對我極有幫助。許多時候，如果我毋須看書的話，就定睛在十字架或地上。

我坐在地上禱告一段時日，開始思想上帝將我帶到這世上的原因。[11]

聆聽書中內容

我從梅頓學會理解屬靈生命如何在人生展現，不過我與上帝同行的路徑與他不一樣。閱讀他人作品，有助我們明辨，但世上沒有一本導遊書是不期而至的。我不像梅頓那樣走到人生絕路，才受洗歸入基督；我生而受洗歸入天主教，與上帝建立關係，而且年紀輕輕就渴望做神職人員。不過我學會**神讀**後（梅頓的作品是我的啟蒙老師之一），委實加深了自己對「上帝純粹本性」的認識，也確信自己的存在恆常存於「記憶上帝」中。神讀，就是敞開心懷，在那些吸引我注意的書中內容，看到上帝臨在和引導的徵兆。

神讀是歷久常新的方法——可以是聆聽唸出的內容，或在心中反覆思想——許多人都講解過神讀，包括奧古斯丁、聖伯爾納鐸（Saint Bernard）、高薩德等。[12] 神讀也是經得起時間考驗的有效方法，幫助我們聆聽聖靈在我們生活中的動向。譬如說，五世紀奧古斯丁曾經教導會眾「聆聽福音書，就像主耶穌親臨一樣⋯⋯這些出自主耶穌口中的寶貴話語，是為我們而記錄、保存、唸誦——不僅為我們，也為我們的後代，直到世界末了」。[13]

十二世紀聖伯爾納鐸教導修士「從心底」閱讀聖經和

靈修著作，咀嚼箇中真理，牢牢記在心中，就像為維生而吃餅：

> 因為這是聖靈的活餅與糧食。世上的餅放在櫥中，會被賊偷、被鼠噬，或因放太久而發霉。但如果你將餅吃了，還需要擔憂嗎？你也要這樣保存上帝的話，因為這樣做的人有福了⋯⋯享用佳餚，你靈魂可享富實。別忘了吃餅，不然你心會枯竭。你這樣保存上帝的話，上帝的話必保守你。[14]

十八世紀的高薩德，以屬靈導師的身分寫信給門生，詳細教導他們如何屬靈地讀書：

> 如果你要獲得我所說的一切好處，就斷不可貪求，或被好奇心導引。你要專心留意你在讀的，切勿想著你未讀的⋯⋯偶爾稍停一下，讓這些心曠神怡的真理，不斷沉進靈魂深處，任由聖靈動工多久都可以⋯⋯讓真理進入心中，而非進入腦海。[15]

梅頓讓我看見，神讀如何為他提供語言，讓他在身處的時代，理解自己的核心身分。神讀開拓梅頓對上帝的觀念——上帝是一切生命的根基，也加深他對禱告和克己的認識，這對靈命成長不可或缺。我平生不斷讀聖經和靈修經典，還有傳記和時事分析。神讀，還有聆聽聖靈動向，讓我知道上帝的確會以各種聲音說話。更重要的是，上帝經常揭示我內心狀況——只要我減慢閱讀速度，不為知得更多，而為被上帝全然認識更多。

明辨的操練

1. 有甚麼書曾經塑造你的生命並你與上帝的經歷？請用幾百字記下曾經塑造你個人「神聖歷史」的書或想法。
2. 梅頓自傳對盧雲的神觀有巨大影響。梅頓起初視上帝為「慈祥的爺爺」，轉而認定上帝是一切生命的源頭和根基。有甚麼作者或作品曾經影響你對上帝的觀念？你形容上帝、向上帝禱告時，上帝的名字和形象從何而來？這些名字和形象如何影響你對「上帝的引領」的理解？

4

閱讀大自然之書

上帝確是隱藏的臨在，但我們只要讓大自然向我們説話，就知道上帝是無所不在的。

盧雲（《傑納西日記》）

除了書和人，大自然也常常指向上帝，藉著徵兆和奇事，表明上帝的臨在和旨意。「大自然之書」，非筆墨足以形容，彰顯上帝的特性和作為。[1] 日與星、植物與動物、自然規則與韻律，如何訴説上帝的榮耀、奇妙、作為？我必須承認，對我來説，從讀書而得上帝的啟示，遠比從聆聽上帝在大自然或世間事的啟示容易得多。不過，隨著我不斷結識一些懂得省視上帝在世界如何作工的人，我開始學會用另一種眼光讀福音書，並且察驗上帝真的可以藉我周遭環境説話。

與耶穌在地上同行

我的成年歲月，身分是神父、教師、作家，可以說，我一生沒有多少時間是用在走路上的。我從一處到另一處，總是坐汽車、飛機、火車、巴士。我的腳沒有碰過多少塵土，總有交通工具接載我到要去的地方，因此很少留意旅途上的受造世界。然而，當我細讀福音書，尤其留意耶穌如何走在沙塵滾滾的路上，開始醒覺一事：耶穌切身感受白日的灼熱，還有晚間的寒涼。耶穌認識青草的枯萎、滿佈石頭的泥土、荊棘叢、田間野花，還有大豐收。耶穌認識這一切，因為祂總是用走的，用身體感受四季的煎熬與活力。

耶穌與祂走過的土地緊緊結連。耶穌觀察大自然力量，從中學習，以之為教材，彰顯那一位創造萬有的上帝，就是差遣祂來傳福音給窮人、叫瞎眼者得看見、被囚者得釋放的同一位上帝。耶穌從這條村走到那條村，有時獨行，有時與人同行，在途中遇見窮人、乞丐、盲的、病的、哀悼中的、失去盼望的。耶穌用心聆聽同行者，以旅途伙伴身分作出回應。耶穌始終緊貼土地。

若我要跟隨耶穌，就要緊貼土地，和耶穌一樣。我常常望著白雲做白日夢，企求一個更好的世界，但這夢境不會結出果子，除非我的眼睛可以一再回望地上塵土，聆聽上帝在我人生路途上對我說話。因為我與土地、與土地上所有的同行者，都是結連一起的。大自然不是人生存的背景；大自然是活生生的恩賜，教導我們創造主的作為與旨意。我有一些朋友，是比較敏銳於大自然所教導的，他們教曉我要放慢生活步伐，享受上帝的同在——這同在與自然世界水乳交融，密不可分。

與朋友在林間同行

記得幾年前我和朋友賈特(Jutta)去法國貢比涅(Compiègne)一個樹林遠足，其時既潮濕又大霧，樹葉都落了，禿禿樹幹上，是陰沉沉的天空。然而，樹林呈現一種我未曾見過的美：濃淡不一的灰和綠，加上薄霧輕輕飄在高高的樹幹之間，像一層輕紗。我們走走停停，不住凝望霧中景致：遠遠近近的小徑，盡都沒入煙靄中，迷離倘恍。滿眼又高又直的樹，向我們訴説許多事：平安、穩定、休息、生與死、還與往、留與離。這些參天巨木，遠在我們出生前已在這裏，在我們離世後也會在這裏，當然它們會有倒下的一天，就歸回故土，化作滋補新苗養分。

然後我和朋友走到一個山谷的邊緣，眼下豁然開朗，前望是漫無邊際的樹林。霧又飄來了，團團圍著我們，時而像雲海，時而像煙柱。我們聽不到鳥叫，看不到鹿蹤，只有霧團像小精靈般跳躍著，彷彿與樹共舞。樹説著甘言，小精靈微笑著，我們不覺恐懼，也不覺孤單。這記憶不算特別，卻很深刻。以開放的眼光與心懷走在林間，讓我知道一事：與朋友同行，即使身處混亂時勢，也可以記起上帝的同在與平安。正如大自然中霧並不罕見，人生中亦常遇見混亂與模糊——混亂與模糊，原是生活的一部分。

有一個人啟導我察看自然世界奧妙，他就是我的好友鍾納斯。他是熱心環保分子，我曾與他在德國黑森林（Black Forest）度宿一宵。從離開弗萊堡（Freiburg）三十分鐘車程的小鎮賀爾本（Horben）出發，沿途是風光明媚、遍滿松樹的山丘，我們好像被提到另一個世界：田野、樹木、山谷、峻嶺、平房、糧倉，都在新雪的掩蓋下白得發亮——日光照耀，白茫茫一片，似有萬千星光閃耀。我們走過田野，一切那樣平靜安穩，我們不期然壓低聲音説話，不好打破大自然的寂靜。這種寂靜是深沉的，難以言喻，我們就此進入創造的壯麗中。我們滿心感恩，與周遭融為一體。上帝同在的奧祕好像觸手可及。我們都站定，因為不想破壞這寂靜。

何其特別的經歷——禱告和默觀可以打開眼界，看見大自然的實相；而大自然的實相，令人更能注意上帝的引領。我曾經以為默觀最好在隱修院或內室的寂靜中進行，如今我知道了，大自然也可以是我們默觀的同伴——你不再嘗試限制或操控你的生命或你的小小世界，相反，你變得對上帝的臨在益加敏鋭；你不再漠視或轄制大自然，企圖征服它、擁有它，相反，你會輕撫它；你不再檢視它，而是愛慕它。因此，大自然向你啟示它自己，是經過更新改變的——大自然不再是禱告的攔阻，而是明辨的利器；不再是刀槍不入的盾牌，而是揭開的幔子，讓你窺看不可知的領域。

讓大自然説話可以開啟辨明上帝同在的新境界，這境界是人不大察覺的。樹和星説了甚麼？有時候，我們實在需要花時間在森林中走走，不論走過的是璀璨新生的明亮，還是濃淡灰影的質樸；然後，求上帝向我們啟示祂的作為、旨意、性情。

讓天堂與大自然頌唱

我開始醒悟，大自然不僅是一個隱喻，更是上帝作為之活生生的啟示。我想起昔日其實也曾獲得指點，懂得體悟上帝在大自然臨在——雖然我要在好一陣子後，才全然學會這尋求上帝之道。多年前我在傑納西隱修院短期退修，院長約翰．猶底斯在一個特別主日的聖餐聚會中說：「雨，是上帝賜福的一個徵兆。」他還論及創造中的上帝，令我對「上帝時刻同在」的說法有更豐實的領會。

院長又說：「『良善』與『福氣』的希伯來原文，有時也可解作『雨』……上帝其實離我們不遠，我們毋須下到海底，上到雲頂，才可以找到祂。上帝的**同在**，見於最接近我們的東西、我們所觸摸感覺之物、天天與我們共存的東西。上帝確是『隱藏的臨在』，但我們只要讓大自然向我們說話，就知道上帝是無所不在的。」

他接著又說：「我走進一個園子，藉著默想一朵花，就能擁抱當下。一朵花愈是嬌艷、活潑，它生命也愈是脆弱、難懂。美本質上是脆弱的——你不解溫柔地碰，它就消失；你握得太緊，花瓣會掉落。你必須輕輕捧著它，專心凝望，不然它就溜了。如果你想在田野中體味花的美，就不能分析它，解剖它，企圖了解它的成分或本源。我們的生命也一樣，是具體的，卻也是難懂的。誰可以透徹剖析我們的生命，闡述其多采多姿？但我們可以體驗、感受，就在當下，而不要解剖生命，像解剖花朵，將花瓣拿掉。」院長的話，呼應諸如茱莉安（Julian of Norwich）的說法：「萬物存在，乃是藉著上帝的愛。」不論一朵小花、一顆榛子，或任何受造物，在其中都可找到上帝的點點蹤影。

上帝的第一語言是大自然

我的第一語言是荷蘭文，但我常常用英文寫作。也許可以這樣說，上帝的第一語言是大自然，雖然上帝藉著我們那古老而長存的屬靈典籍啟示祂自己。從四時八節、自然循環，上帝的作為與旨意彰明昭著：生與死，栽種與收割，等候並享受新生與復活。「我實實在在地告訴你們，一粒麥子不落在地裏死了，仍舊是一粒；若是死了，就結出許多子粒來」(約十二24)。

我們這些愛書人、愛慕屬靈知識的人，必須學習新功課，慢慢領會大自然的語言。梅頓在加入熙篤會前只專注於內心世界、生命旅程，幾乎無暇顧及上帝在大自然中的臨在。雖然梅頓在城市中難以體驗大自然的諸般喜悅，但他某次與朋友在郊區小屋度假，大自然開始對他說話，他也開始領會一種不曾在書本見過的語言。梅頓的注意力從書頁轉到樹木和天空去。他在自傳中說：

> 那是一個涼快的夏天黃昏……我把書放在大腿上，看著遠處從山谷沿路開來的汽車燈光。我又凝望黑暗中的山丘樹影，還有山後在東方天空漸次出現的星星。我心中突然響起、回響著拉丁聖經通俗本《武加大譯本》(Vulgate)的一句話："Qui tacit Arcturum et Oriona ..."，

就是「他造北斗、參星、昴星，並南方的密宮」。[2]

其後，在肯德基山間隱修院居住多年後，梅頓變得樂於親近大自然，大自然也滋潤他的禱告生活。他的禱告變得愈來愈自然，也愈來愈能建立他的生命。在渴求更有規律的生活方式之外，他益發懂得欣賞大自然的美，對周遭環境更感逍遙自在。梅頓少了壓力、焦慮、慾望、煩躁。他身處的自然環境——他以前竟然不曾留意——讓他看見一種波瀾壯濶的美，乃是上帝世界的更大圖畫：

我觀看你指頭所造的天，
並你所陳設的月亮星宿，
便說：人算甚麼，你竟顧念他！
世人算甚麼，你竟眷顧他！
耶和華——我們的主啊，
你的名在全地何其美！

詩八3、4、9

若我們只按照自己的需要——不論真偽——去跟樹林、河川、山巒、田野、海洋打交道，大自然是晦澀難明的，不會向你透露其真實存有。如果一棵樹不過是未造出來的一張椅子，它就不會告訴你成長是甚麼；如果一條河不過是一個工業廢料排污渠，它就不會告訴你流動是甚麼；如果一朵花不過是人工裝飾範本，它就不會告訴你甚麼是生命的純樸之美。

一個向來困難，如今迫在眉睫的任務，是讓人知道大自然不是尚待征服的財產，而是必須尊重、珍惜、感恩的禮物。惟有當我們懂得向我們賴以為家的河川、海洋、山丘、峻嶺致以深深敬意，它們才會變得清澈易懂，向人啟示真實的意義。如果我們不專心不耐心聽取上帝的隱密言語，大自然的一切大祕密，就始終是隱而不宣的。

大自然渴望我們辨明一個她所指向的偉大故事：上帝的愛。與我們共生的動植物，教導我們認識出生、長大、成熟、死亡，認識溫柔愛護的需要，認識忍耐與盼望的重要。更甚者，水、油、餅、酒，它們的特質，指向背後一個宏大的故事——再創造的故事。食物與飲料、山巒與河川、海洋與天空，全都變得清澈易懂——當人眼能見到、耳能聽到聖靈所說的話，大自然就會向人揭示自己。

更新受造物的呼召

我終於開始明白，一切受造物都屬造物主，而且安泊在主懷裏；還有，那些將來與主坐席、相交的人，必須先聆聽、禮讚大自然的樂聲，並為他人益處致力演繹。

海洋、山巒、森林、沙漠、樹木、動植物、日、月、星，以至一切銀河系，都是上帝的受造物，切望更新的日子（參羅八 20～21）——我們念及此，不禁敬畏、讚歎上帝的榮美，還有上帝的全備救贖大功。在患難中等候拯救的，不僅有我們人類。事實上，一切受造物與我們一同歎息勞苦，渴望獲得完全的自由。

從這意義來看，我們不僅與世上所有人是弟兄姊妹，其實也跟一切受造物是弟兄姊妹。對啊，我們要敬愛滿佈小麥的田、雪白皚皚的山、怒哮的大海、野獸、牲畜、大紅杉、小雛菊…… 一切受造物與我們一樣，同屬上帝的大家庭。

當我們相信我們的終極召命與歸宿，不僅關乎自己、關乎人類，也關乎一切受造物這一整全的實存，我們就能看見上帝在你我生命中的異象，是何其宏偉壯觀。上帝兒女的整全自由，要與全地共享；我們復活生命中的全然更新，也包括宇宙的更新。這是上帝藉基督而成的救贖大功之大異象。這是以賽亞關於那和平國度的異象：「豺狼必與羊羔同食；獅子必吃草與牛一樣…… 在我聖山的遍處，這一切都不傷人，不害物。這是耶和華說的」(賽六十五 25)。我們要竭力活畫出這異象。真正的明辨，驅使我們積極投入上帝所賜的大召命。只有我一人辨明上帝為我一生命定的旨意，這斷不是終點。我必須辨明上帝為我一生所命定的旨意，乃是一幅更大圖畫裏的微小卻重要的部分。這幅更大的圖畫，就是上帝的大召命，即救贖並更新全地一切。

因此古往今來的聖徒先知，為追尋生命的隱密意義，總是盡量靠近大自然居住。六世紀的聖本篤將他的羣體遷到卡西諾山(Mount Cassino)之巔；十二世紀的聖方濟各稱呼日月為「太陽弟兄」、「月亮姊妹」，又以動物為家庭成員；十一世紀的聖博諾(Saint Bruno)退居到崎嶇陡峭的阿爾卑斯山(Alps)；二十世紀的梅頓住在肯德基州的林間；還有本篤會的修士，在當世選擇新墨西哥州峽谷的杳無人煙之處興建隱修院。時至今日，許多年輕人離開城市，走到郊外，藉著聆聽大自然聲音，尋找內心的平安。大自然的確會說話——雀鳥對聖方濟各說話，樹木對美洲土著說話，河流對悉達多（Siddhartha；譯註：釋迦牟尼俗名）說話，繁星對梅頓說話。我們愈靠近大自然，愈能觸及生命精意。

我們在西方基督信仰土壤長大的人，可以向美洲土著學習的功課太多了，譬如聽取河、樹、鳥、花的聲音——它們不斷告訴我們生命景況的真相、我們的美、我們終有一死。有一位溫圖印第安人（Wintu Indian）說得好：

> 白人從不關心土地、鹿、熊，或其他。我們印第安人會殺生，但會吃箇精光。我們挖了根，會在旁邊鑽小洞……我們將橡實和松果從樹上搖下來，我們不會砍樹，只用枯木。白人卻將土地翻鬆，將樹連根拔起，將一切殺光。樹木說：「住手！我好疼，不要傷害我！」但他們將樹砍下，斬開。土地精靈痛恨他們……印第安人永不傷害任何東西，白人卻滅絕一切。[3]

美洲土著看自己是大自然的一部分，是一切受造物的弟兄姐妹。他們的藝術服貼大自然。他們的面具是人面獸面的匯合；他們的陶器以植物（如葫蘆）為模型。他們以大自然為師，模仿受造物的樣式，造出各樣形狀。土地是上帝的身體，他們懂得聆聽上帝身體的教誨。

當我們的心對大自然的心聲開通了，就會聽到一個世界的聲音——在這個世界，人類和大自然都找到自己的樣式。如果能夠察覺身邊各樣聲音，對萬有創造主益加敬畏，就更能夠真心照管一切受造物——眾生在大自然，就像紅寶石嵌在黃金指環。

親愛的主，祢是上帝的道，一切受造物都藉祢而生出：河流樹木、高山低谷、鳥兒馬兒、小麥玉米、太陽星星、雨露雷暴，當然還有人類——男與女、老與幼、黑與白、黃與紅、農夫與教師、修士與商家。主啊，一切受造物中都有祢的蹤影。為一切存有的美，我感謝祢。[4]

明辨的操練

1. 與耶穌在地上同行。試開車到一條泥路上，走出車子，踏上塵土——效法耶穌昔日所行。從馬可福音四章選一個比喻，唸出來，聆聽上帝藉聖經這本書及「大自然之書」要對你說甚麼。同時「讀」這兩本書，對你操練明辨有何影響？與單單讀其中一本書有何不同？
2. 與朋友在林間同行。選擇一條路徑，計劃行程，尋找大自然的美。儘少交談，保持安靜。觀察、投入你所見所聞。全心飲於受造物之泉。「嘗嘗主恩的滋味，便知道祂是美善。」
3. 聆聽天堂和大自然的歌聲。或獨自一人，或結伴同行，親親大自然。大聲唸出以賽亞書五十五章 12 節：「你們必歡歡喜喜而出來，平平安安蒙引導。大山小山必在你們面前發聲歌唱，田野的樹木也都拍掌。」當聆聽大自然的樂聲——你察覺到樹木的歌聲嗎？與樹木同拍掌，與諸山同跳舞，對你是甚麼一回事？你覺得這很自然，還是很勉強呢？反思你與受造世界的關係。你會將太陽星星視作你的弟兄姐妹嗎？你會看自己是上帝救贖一切受造物大功的一部分嗎？關於你在上帝救贖計劃中的位置與角色，上帝會告訴你甚麼呢？這種全景式觀點，是否為你增添了一個視角，有助你辨明上帝在你生命中的作為？

5
留意旅途上的人

上帝藉著與我們談論上帝事情的人，
對我們説話。

盧雲

上帝藉著聖經、書本、文章，也藉著「大自然之書」向人啟示智慧和引導，還藉著我們日常生活所遇見的人向我們説話。記得我初加入「黎明之家」這個以殘障者為核心的羣體時，根本無人在意我是作家、大學講師、周遊世界各地教會團體的講員。我的成就，他們根本不看作一回事。他們十分在意的，是我能否持續出現在他們眼前；還有，究竟我有多愛他們。

在每天的作息與交談中，我開始重新聽到上帝的聲音。聖靈似乎直接向他們説話，也藉他們説話，毋須透過書本或甚麼智性討論。我羣體中的一些成員，可能沒有甚麼身體上或頭腦上的能力與技巧，但在貧乏與單純中，他們比我更能向上帝敞開心懷。正因為生命的軸心向上帝赤露敞開，他們似乎能夠看穿我心，直接回應我心中想法。「亨利，你愛我嗎？你今天晚上會回來嗎？你會不會帶我出去？你會不會照顧我？」他們讓我明白一事：我可以撰文講述「成為上帝所愛的」是怎麼一回事，但我是藉著與他們相交，才學會甚麼是被愛與愛，並由此學會耶穌的誡命：愛上帝、愛己、愛鄰舍。

我們所遇見的人——有的赫赫有名，有的默默無聞——很多時是上帝智慧的媒介。我曾經在羅馬與德蘭修女面晤，我馬上**看出**她內心只有一個專注對象，就是耶穌，而她也是透過耶穌，觀看所委身服事的對象——世上最窮困的人。當被問到關乎社會學、心理學、醫學的議題，她總不會站在問者同一層次去回答，卻是以上帝的邏輯——就是從一個我們大多數人不熟悉的屬靈位置與角度——作出回應，所以許多人認為德蘭修女想法幼稚、天真、不食人間煙火。其實她就像耶穌，挑戰聽者與她一同移至上帝看事情的角度，超越表面，進到與上帝相交、聽上帝呼召的位置。

那一次面晤，我請她就我的屬靈紛擾與試探指點迷津。她聽完我那些特殊的困局，還有我對自己所遇誘惑的透徹分析後，不過説了寥寥數十字，立時刺破我的泡沫：「嗯，你只要每天用一小時渴慕主，不做任何你所知道的錯事……你就會好起來！」

她的反應使我驚愕。我以為她會仔細查問、討論我的燃眉之急——但我突然覺悟了：我的提問「由下而來」（from below），她的回答「從上而來」（from above）——指引我回到「上帝同在」的方向。她知道就算我對心中的紛擾和難題有更深的了解，卻仍須面對一事：上帝已經呼召我，要貼近上帝的心意而活。德蘭修女的答案，起初似乎與我的問題風馬牛不相及，但我漸漸發現，她的答案源於上帝的醫治，而非源於我的申訴。為我的問題尋求答案，不是屬靈生命目標；在上帝的同在中度日，才是更大的召命。明辨的恩賜，就是能夠從上帝的觀點聽與看，並向人提供「從上而來」的智慧。上帝實在藉著德蘭修女的口向我說話，她呼喚我重新操練禱告和親近上帝——而上帝的同在是一切引導的起點和終點。

此外，多默神父（Father Thomas Philippe）教曉我一件重要的事：我們除了要聆聽德蘭修女那樣的大人物說話，也要聆聽身邊的人說話。多默神父是道明會司鐸，與范尼雲於一九六〇年代中在法國特羅斯利一起創辦方舟團體。他雖已安息主懷，卻仍是方舟團體公認的屬靈父親。他相信上帝主要藉著家人和與我們有親密關係的朋友向我們說話。就這題目我們談論過無數遍：人與配偶、父母、兒女、朋友的親密關係，可以造出一種超越個體，並且屬靈、活潑的人際關係，並因此成為上帝同在與指導的媒介（雖然有其限制）。初到方舟團體的人，基於他們殘障，許多都與親屬關係緊張或破損。方舟團體其中一個最大的醫治力量，在於成員的交往方式——在這裏不分健全殘障、有沒有語言能力，都被眾人看為愛與恩典的器皿。

我一九八五年在方舟團體結識多默神父，那時他八十歲，仍是全職司鐸，活力過人。他的明辨與智慧不同凡響，被譽為「再世十架約翰」。多默神父對上帝如何藉著「不完美」向人說話，有深刻的體悟。記得當年我幾乎都聽不明白他的法語，但他卻能深刻且有力地向我表明上帝在我們這羣子民中同在的奧祕，這對我是極難忘的經驗。

多默神父和德蘭修女一樣，越過我們許多人所關注的表面疑難，進到問題核心。譬如說，我和他討論父母對孩子的傷害、上帝才是惟一真正的父親，他會說：「為何不能將生身父母看為受造者，不過反映上帝某些父性和母性？為何人總是將上帝構想為補償父母不完美的替代？」這說法涉及上帝的存在和本性，不僅關乎心理學，更關乎道成肉身的本性，還有上帝如何存在於血肉之軀中。多默神父的神學，建基於一顆信靠的心——我們生命中所遇見的一切愛意表達，雖然有限且不完美，都是上帝無限且完美之愛的彰顯。他說：「其實我們在童年時，已經與一種更大、更深、更強的愛聯繫起來了，這愛超越父母或師長可以給我們的。」

作為神學家，多默神父認為一切人類關係都「指向上帝內在生命的徵兆」。人類三個主要的關係網絡，是養育我們的父母、我們視為朋輩的密友、與我們同住的家人（配偶或羣體）。這些主要的關係映照我們與三一上帝——作為聖父/創造者的上帝、作為聖子/救贖者的上帝、作為聖靈/維繫者的上帝——的關係狀況；這些關係無論如何，都能夠使我們與三一上帝建立更親密的交融——乍聽之下這似乎有些理想化，但如果我們願意相信人類關係是活生生的徵兆、生命的一切是上帝的愛之不斷彰顯，就會漸漸**看透**我們生命中的關係是上帝的恩賜，它陶造我們的生命，提醒我們上帝之愛的內在本質。

就算我們的父母、兄弟、姊妹、配偶、朋友不能如我們所願地愛我們，多默神父讓我體會一事：每個人總能映照上帝愛的點點滴滴，而這些點點滴滴加起來，也能映出上帝的豐盛——若我只著眼在每個人的虧欠上，是很容易錯過這事實的。

在這事上，多默神父與梅頓的看法在本質上是一致的。梅頓也曾在他書中強調要留意上帝置放在你旅途上的人——如果你想辨明上帝在你生命旅途上的旨意。

活生生的路標：指引梅頓歸向上帝的幾個人

梅頓的《世俗日誌》(*Secular Journal*)和《七重山》滿載他年輕時好友的名字。除書本以外，朋友是活生生的路標，指引梅頓歸向上帝、以至歸入革責瑪尼隱修院。有三個名字尤其突出，他們對梅頓影響至深，本身也是耀眼人物：丹尼·沃殊(Daniel Walsh)、巴馬卡里(Bramachari)、卜·歷斯(Bob Lax)。當我閱讀梅頓自傳，便開始體會，師長朋友對梅頓言說上帝真理的方式，是書本難以取代的。

丹尼·沃殊曾任哥倫比亞大學客席講師，是他令梅頓認識阿奎那(1225 ~ 1274)、董思高(Duns Scotus；1266 ~ 1308)這兩位中世紀晚期神哲學大師並他們的神學：上帝是「第一因」(primary mover)，也是「無限存有」(infinite being)；這些概念啟迪梅頓的想像，也為他那紛雜的思想和感受帶來一點秩序。論到沃殊，梅頓說：「他不像其他教授，沒有絲毫倨傲與自以為是——他不必借用這些脆弱而浮誇的盔甲去掩飾自己的不足，也不必借助花招與虛榮作掩護；他甚至不以聰穎自居。他面露微笑，樸實無華，卻全然浸淫在阿奎那的篤實且強而有力的思想中，游刃有餘。」[1]

其實梅頓上沃殊的課之前（譯註：梅頓曾在哥倫比亞大學就讀），已經拜會過他，也向他提及自己想當司鐸的抱負。他們曾經查考各修會，至終認為方濟各會（Franciscans）最適合梅頓。不過後來沃殊又向梅頓大力推薦革責瑪尼隱修院，並催促他前去退修——這其後促使梅頓加入熙篤會，因他辨明了上帝的召命。多年後，沃殊到革責瑪尼隱修院教授哲學，並在一九六七年被按立為司鐸，在路易斯維爾教區事奉。梅頓和沃殊亦師亦友，在辨明召命的事上互相幫助，互相學習。

另一個深深影響梅頓的人，與沃殊截然不同，他是個印度僧侶，稱為巴馬卡里（乃是印地語「僧侶」音譯）。梅頓用一種詼諧又敬重的筆觸描繪巴馬卡里。這是他們倆在紐約中央車站初次見面的記載：「那邊站著一個靦覥、個子小小的人，看起來滿有喜樂，面帶笑容；雪白牙齒，在褐色臉孔中閃閃生輝。他的頭巾是鮮黃的，寫滿紅字，都是印地語禱文。他穿著球鞋——嘿，這是當然的了。」

梅頓和巴馬卡里一見如故，梅頓尤其欣賞巴馬卡里兩點：其一，他雖然批判西方世界，卻是宅心仁厚；其二，大學師生所重視的一切，在他眼中不過是相對的：

> 他的評語從不尖酸刻薄，從不謾罵戲謔——事實上，他根本不會作出任何論判，尤其對持相反意見者。他只

會釐清事實真相，然後一笑置之——他的笑聲輕柔而真摯，表達一種深切的詫異：世上竟有那樣的人，選擇那樣的生活方式啊！[2]

巴馬卡里不曾向梅頓推介他的信仰，更遑論傳道了；他反而對梅頓說：「許多神祕主義鉅著，作者都是基督徒。你要好好研讀奧古斯丁的《懺悔錄》(*Confessions*)，還有《效法基督》(*The Imitation of Christ*)。」這個印度教僧侶，竟然引導梅頓接觸基督教神祕主義傳統，這令梅頓印象愈發深刻。梅頓其後寫道：「如今，回望那些日子，我覺得極有可能的是：上帝將巴馬卡里從老遠的印度帶來這裏，其中一個原因，就是要他對我說那番話。」有意思的是，這位印度教僧侶，啟發梅頓對東方世界產生興趣，卻同時讓他進入西方基督教神祕主義傳統堂奧。上帝何等奇妙！藉著意想不到的源頭，向我們出其不意地說話。

在梅頓踏向革責瑪尼隱修院路上影響著梅頓的人當中，歷斯肯定是最有魅力，也可能是最重要的一個。「卜．歷斯」這名字經常出現在《七重山》，而且往往在關鍵時刻。歷斯不像沃殊，是梅頓的老師；他也不像巴馬卡里，是個有趣的「局外人」。歷斯是梅頓在紐約市唸書(譯註：哥倫比亞大學位於紐約市)期間，加入的一個文藝青年小圈子裏的成員。歷斯是梅頓密友，但在梅頓筆下，梅頓對歷斯的敬佩與眷顧之情溢於言表。

梅頓初會歷斯，是在學生雜誌《戲謔》(*Jester*)編輯會議上，他這樣描述歷斯：

他是哈姆雷特與以利亞的混合化身：一個潛藏的先知，卻沒有暴怒；一個王，同時是猶太人。他的腦袋滿載宏大而精妙的構思，卻不會誇誇其談，反而愈談愈少，甚至欲言又止。在遲疑中，他斷不會顯得靦腆或焦躁，卻會以七種方式用他的長腿盤繞椅子，腦中盤算該用的字眼。他坐在地上的時刻，就是最雄辯滔滔的時刻。

按我猜測，他不動如山的祕密在於一種自然而天生的靈性、一種尋問永生上帝的天性。歷斯常常害怕自己身陷死胡同，卻又同時隱然知道，這可能根本不是死胡同，而是無限的上帝。

他自出娘胎，心思已傾向約伯及十架約翰。如今我更可以肯定的是：他天生是默觀者，以至他自己也察覺不出來。

總而言之，就算那些經常說他「太不切實際」的人，其實是在暗暗景仰他——就像那些以物質財產為安全感的人，潛意識裏卻景仰那些不怕兩袖清風的人一樣。[3]

大致而言，歷斯是梅頓的先知與嚮導。他們的關係既單純又穩固。在梅頓年輕時認識的人當中，歷斯肯定是最親密的朋友。歷斯是最好的朋友，但梅頓不會因此迴避獨處的呼召。相反，梅頓認為歷斯是他通向上帝的許多徵兆之一。友情力量得以顯大，在於它不在本身尋求一切意義。人若對別人抱有過度期望，會造成彼此的傷害；失望與怨懟會蓋過愛、以至取代愛。但在日常生活明辨操練中，我們可以學習欣賞密友、家人、以至陌生人的角色——他們可以引領我們歸向上帝。作為嚮導，朋友可以在我們身上發現我們所發現不到的東西。

幫助我找到家的活生生的徵兆

對我而言，幫助我回應呼召——到方舟團體事奉——的幾個重要人物有鍾納思、拿單．波爾（Nathan Ball）、素兒．莫絲塔娜。在我人生不同階段，密友多不勝數，但這三位與眾不同，各自在我生命幾個關鍵時刻出現，幫助我聆聽「心靈愛語」。[4]以下我要追想他們指引我歸向上帝的經歷。

鍾納思：屬靈朋友的恩賜

昔日我離開哈佛神學院，是很不容易的決定。有許多個月，我經歷向上帝哭訴的無眠之夜。我努力分辨腦海中的不同聲音。我若離開，是在踐行我的召命、還是背棄我的召命？外面的聲音說：「你在這裏可以成就許多事啊，大家都需要你！」裏面的聲音說：「你傳福音給別人，卻喪失自己的靈魂，還有甚麼益處呢？」我必須辨明這些聲音之源，究竟是哪個靈——我的好朋友兼舊學生鍾納思，在我心緒不寧、上下求索的關鍵時刻，成了我的屬靈伙伴與嚮導。

我花了超過一年時間，才總算願意探究一個可能的全新召命：前去與身體殘障及智障者生活。最後，透過與鍾納思多番討論，我辨明一個事實：我心中日漸加厚的幽暗、我的被遺棄感、我對愛與肯定的過度需索、我深沉的疏離感……這些都是清晰的徵兆，告訴我必須離開哈佛。

冥冥之中，我感受到與范尼雲及其法國方舟團體有一種深交，這讓我較容易作出離開哈佛的決定，並且在一九八五年去特羅斯利，在那裏逗留一年，禱告、辨明上帝的旨意。對我來說，方舟團體不但讓我脱離象牙塔，更讓我有空間探索新召命。記得當我踏入方舟團體的平房，范尼雲八十七歲的媽媽將我一擁入懷，我馬上有歸家的感覺。

就在那一天，我聽到心中一個催促的聲音：我要重新寫日記。四年前我在拉丁美洲待了一段日子，返美國後放棄了寫日記；這時我突然覺得，如果眼下這一年是我禱告、閱讀、寫作、康復的日子，也是我專注聆聽心中聖靈之作為的日子，何不天天記錄發生甚麼事，細味上帝在我生命中如何動工？如果這一年是「明辨之年」，坦誠地寫日記應該是有助益的——這是我經驗過的。

我在法國待了不足一個月，就開始惦念在波士頓的朋友。我在九月十日的日記寫道：「好難過的一天。這些日子我一直等候我摯友鍾納思——昔日就是他送我到波士頓機場，他還承諾會來法國探望我……我還以為他很渴望見我，而且會努力想方設法前來。我打電話給他，他說改了計劃，要遲些才可以來探望我……我覺得很受傷。」

被遺棄的感覺，於我並不陌生，這次我又告訴自己說：「亨利，如果你真心想隱世，希望少點人認識你，多點人忘記你，就好好利用這機會，把這經歷化作更感恩、更屬靈的體驗吧。你要相信這隱世經驗可以給你新眼光看你自己、看你的世界、看你的上帝。人不能給你新眼光——只有無盡無窮地愛你的那一位上帝，可以給你新眼光。」

我的日記記錄了我自以為應做之事、想做之事，但在法國頭個月，我的行動遠追不上我的思想。我禱告祈求安靜時刻，求耶穌幫助，努力做好我的差事。「主啊，求祢賜我惟獨祢能夠賜予的平安喜樂。」

兩週後，鍾納思從劍橋（譯註：哈佛大學所在城市）打電話給我說：「我想十月去探望你！」我們擬定確實日子和行程後，我的怨懟隨之而去，再次感受到他的關心和忠誠的友情。

鍾納思來了，在方舟團體住了十天。我和他一起見團體成員、出席工作坊、會晤專家、到處遊玩。我覺得自己像個嚮導，引領異鄉人看自己家鄉，同時發掘新事物。鍾納思本業是心理學家，他常常發問、觀察，與我交流不同的觀點——他讓我發現方舟團體尚未被我發現的另一面。

我和鍾納思有機會談論對我們這段屬靈關係的期望。對我來說，很多感受都是難以啟齒的：被遺棄、被強迫的感覺；渴望獲得肯定，同時需要空間；缺乏安全感、信任感；怕與愛。但當我投入這些感受，也就發現真正的問題所在：我期望從一個朋友身上，獲得惟獨基督可以賜予的東西。

鍾納思勸誡我，不要將自己放在核心位置，也不要認為只有自己的人生會受友情牽引——他也有他的人生；他也有他的掙扎；他也有他的遺憾與虧缺。當我嘗試體會他的人生，對他的憐憫油然而生。我不再因他給我的關顧不夠而論斷他了。我明白了：只要能夠看見一個具體的「他」，理解他也有類同的掙扎與遺憾，就能夠退一步看，並且領悟一事：真正的友情，包含付出與接受，就像雙人舞的進與退、放與收。

我也重新體會一事：朋友必須不斷彼此饒恕——饒恕對

方不是基督，也要邀請基督進駐關係的核心位置。如果沒有基督介入，友情關係很容易變得需索頻頻、操控過度，以致壓迫心靈，根本沒有留下空間讓對方成長。真正的友情需要親密、眷顧、支持、鼓勵，卻也需要距離、成長的空間、差異的自由、獨處的時候。要拿捏友誼的中庸之道，我們必須經驗一種遠比人類關係能提供的更深、更恆久的肯定。

在我苦苦反思對親密友情的需要時，我突然領悟耶穌為何要「兩個兩個的」差遣門徒出去事奉：二人同行，更能夠保存他們在耶穌裏發現的平安、愛、肯定，而且能夠沿途與所有人分享這些恩賜。

拿單．波爾：成為弟兄的邀請

那一年我在方舟團體結識的其中一個成員是波爾，我們漸漸成為密友。直到今天我仍然視他「比弟兄更親密」。我常認為屬靈友情是上帝給我的最大恩賜之一，也是我能想像的最有生命力的恩賜。我在方舟團體結識了許多又好又極有愛心的人，他們加起來是我大喜樂的源頭。我記得他們每一位，並且心存感恩與喜悅。但在這些關係中，我和拿單的關係頗為與眾不同。拿單是絕佳的聆聽者，既明智，又對上帝的道忠心。我從心底相信，無論我到哪裏去，他會成為我新的人生旅伴。

拿單是加拿大人，在浸信會成長，其後加入天主教——就在來方舟團體全時間事奉前不久。我初次見他，他和幾個朋友在小教堂門廳，我看見他對窮困潦倒者的憐憫與愛心，深受感動。他的憐憫與愛心，源於曾照料他一個現已離世的傷殘親兄弟。

我和拿單關係深切，我本來不察覺，直到有一次他返回加拿大一個月探望親友，我才發現自己非常惦念他。其後我們談到將來的計劃，顯然上帝將我們放在一起，有祂奇妙的旨意。拿單打算翌年秋天入讀多倫多的神學院，並且入住附屬方舟團體位於市郊的「黎明之家」。同時我也有感召，要去「黎明之家」擔任駐院司鐸。當然，能夠與拿單同行，令我比較容易回應這召命。

一九八五年十二月，加拿大「黎明之家」寄來一封長函，正式邀請我加入他們鄰近多倫多的羣體。這是我平生首度明確地**蒙召**投身一個新事工。自我獲任司鐸以來，我每個事奉崗位都是自己的主意，包括在梅靈格精神分析學院（Menninger Clinic）、聖母大學（University of Notre Dame）、耶魯、哈佛，以至拉丁美洲各樣事奉。我荷蘭幾位主教總是認同、支持我的事奉抉擇。如今一個信仰羣體對我說：「我們呼召你來，與我們同住，向我們付出，從我們接受。」我心裏明白，這邀請不是招聘，而是真正的呼召：與窮人同住。他們沒有能力提供薪酬、舒適宿舍、顯赫名聲。這是又美好又懾人的新事：一個跟隨基督的具體召命——捨棄成功、偉績、尊貴，信靠耶穌、單單信靠耶穌。此前我曾不斷禱告：「主啊，求祢向我表明祢旨意，我必遵行。」若我真的要見到一個具體的徵兆，讓我確定耶穌心意，眼前這個就是了。我從心底覺得，有舊事要完結，有新事要開始。我的學術生涯到盡頭了，我獲邀請轉去新方向。

一九八六年八月尾，我離開法國，到加拿大方舟團體「黎明之家」，住進一座平房，裏面有六個殘障成員：露絲、亞當、比爾、約翰、卓華、偉文。他們和照料他們的成員，熱烈歡迎我這個新來的住客兼牧者。我開始投入這個新職事、新羣體，不期然想到我和拿單的友情，實在是這一切過渡與改變中的避難所。「無論發生甚麼事，」我暗忖道，「起碼有個朋友可以依靠，給我支持，在困難時安慰我。」然而，不意之間，我漸漸又將拿單變成我的情緒穩定劑。舊有的需要與渴求——要人注意我、肯定我——又鑽出來了。這冒現的依賴與不安，使我不能將基督與「黎明之家」安置在生命的核心位置。

「黎明之家」漸漸成為我的家，不過我付出極重的代價。在某些日子，拿單告訴我，他不能再跟我做朋友了，因為我的佔有慾和依賴性太強了。終於，我們關係破裂，而我們同處一個小小的羣體，生活變得極不自在、混亂、艱難。結果我陷入抑鬱中，被迫搬離「黎明之家」幾個月。我在別的著作記述了這個「先心碎後康復」的經歷，[5] 在此我只強調一點：我和拿單的關係，至終奇妙地得以修復——這事經歷了三年特定的屬靈操練、堅韌、無畏、效忠、心理輔導、羣體支持……我們羣體終得以經歷這復和神蹟。我進到一個健康的狀態，可以不再將自己的需要投射在另一人身上。我和拿單都明白了一事：面對彼此的需要，我們能夠做的有限，所以要學習彼此饒恕，因為對方不是上帝。結果，拿單和我都能自在地成為真正的朋友和弟兄。這個復和經歷，印證我確是上帝所愛的，而且我真的回家了。我又學會一事：人可以成為徵兆，可以成為良朋益友，但惟獨上帝可以引領生命，醫治各人心中的創傷。

素兒．莫絲塔娜：有幸扮演父親角色

就在我歷經上述漫長的內心痛苦與感到被遺棄的日子裏，有個朋友向我說出盼望之言，是我迫切需要聽到的，並因而開展一個全新的成長階段，幫我重回家中。其時我暫別羣體，專心尋求內心醫治。我只帶了幾本書在身，還有幾張心愛的藝術作品複製本——其中一張是林布蘭特（Rembrandt van Rijn）的《浪子回頭》（*The Return of the Prodigal Son*）。我讀著這位荷蘭大畫家顛沛一生的故事，明白了他的生命歷程如何令他畫出這幅傑作：他一生的美與痛，這幅畫表現得淋漓盡致——這對我而言，是一種慰藉。

素兒．莫絲塔娜是「聖若瑟之家」（Community of Saint Joseph）的修女，從一九七〇年代初就在「黎明之家」事奉；而我去「黎明之家」事奉，她是關鍵人物。在最困難的日子，素兒給我不可或缺的支持。她不斷鼓勵我：要獲得真正的內心自由，怎麼艱辛掙扎，都必須熬過去！她不容許我諉過他人，或選擇容易走的路，這無非為了令我重新從心相信自己是上帝所愛的。

素兒來到我「隱居之處」探望我，不但安慰我說大家愛我、掛念我，而且也說了一番語重心長的話，是我極需要聽的。她提到耶穌「浪子回頭」的比喻，還有那幅對我有特殊含義的同名林布蘭特畫作，說：「不論你是『小兒子』，還是『大兒子』，你必須清楚你的召命，乃是成為『父親』——我們『黎明之家』的人，需要你成為『父親』。」

素兒的話像一道電光落在我的心田，因為這幅畫陪伴我多年，我看了畫中老者擁著兒子無數次，卻從沒想過這位父親——這位迎接兒子回家的人——竟然就是最能描繪我一生召命的角色。

素兒不給我辯駁的機會，繼續宣告上帝的真理：「你一生都在尋找朋友；從我認識你到今天，你一直渴求眷愛；你對無數事物感興趣；你不斷乞求別人注意你、欣賞你、肯定你……鍥而不捨！時候到了，現在就是了：你奪回你的真正召命吧——就是成為父親，迎接你的兒女回家。」

她繼續對我說上帝要告訴我的話：「我們『黎明之家』的人，還有你身邊大多數人，都不需要你做我們的好朋友甚或好兄弟。我們需要你扮演父親的角色，行使憐憫的權柄。看清楚那幅畫的父親吧，你就會明白，你蒙召所扮演的角色是甚麼了。」[6]

我重看林布蘭特畫中父親的雙手，發現一隻是男性的手，一隻是女性的手。女性的手來自一幅前作，以一個猶太新娘為題——柔弱、婉約、溫良，讓人想到保護與照顧。男性的手是林布蘭特自己的手，表現他作為父親、維繫者、捍衛者、釋放者。這兩隻手，是愛、擁抱、願意放開的手。我記起范尼雲曾經談論「手」的一段話，他說手可以溫柔地環繞著一隻受傷的小鳥，也可以張開讓小鳥在其上活動自如以至飛走。范尼雲認為，每個人的生命都需要這兩隻手庇蔭——其中一隻說：「我抓住你了，你安全了，因為我愛你，永不會離開你。你不用害怕。」另一說：「去吧，我兒，去尋找你的道路，去犯錯、學習、受苦、成長吧，成為你必須成為的。不用害怕，你是自由的，而我常常在你左右。」這兩隻手，代表一種沒有條件的愛。

鍾納思、拿單、素兒，他們各自在我人生幾個關鍵時刻與我親近。但除了他們三人，我還有許多密友、鄰舍、會友、導師，他們都是上帝愛與指引的活生生徵兆，無論在順境還是逆境。[7] 除了家人朋友，我對教會歷史中一些「聖徒」亦感到特別親近，他們的忠信見證不但給我力量，有時更在困難中給我引導。上帝的子民使我紮實地活在基督並祂教會的實在與整全中，讓我安心靜躺在上帝大愛的懷抱中。上帝經常藉著與我們講論上帝之作為的人與我們談話。一些人成了活生生的徵兆，引領我們歸向上帝。無論是生活中的人，還是記憶中的人，只要是上帝安放在我們生命中的，都能指引我們的前路。

明辨的操練

1. 回想過去一個禮拜，或一個月你所聽過並留在你心裏的話。人人都有隻言片語、觀察、別人的稱賞等，是長留在心中的。把這些都記下，看看會否給此刻的你帶來甚麼啟示。盧雲與他好友鍾納思、拿單、素兒交談時，發現自己心中的幽暗、被遺棄感、對愛與肯定的過度需索、深沉的疏離感——這些都是清晰的徵兆，告訴他必須改變。你與人的交談未必像盧雲所經歷的那麼激盪，卻仍然可以幫助你去辨明你此刻的召命是甚麼。
2. 找出三個你可以向他們傾訴疑問與惶惑的人，試試可否說出他們每個對你的幫助是甚麼。對盧雲來說，鍾納思可以提供心理學洞見，還有提醒他同理心是友情的鑰匙；拿單為他帶來內心平安，還有神學洞見；素兒向他發出先知式呼召：他要穿越個人的傷痛，成為眾人的慈父。你呢？那三個你可以向他們傾訴疑問與惶惑的人，可以給你甚麼啟迪？建議你與他們個別詳談，並邀請他們與你分享友情的恩賜。留意他們每個人的話，因為那些話可以成為你人生路上的指引。

3. 盧雲與拿單關係破裂後，努力學習一個功課：必須饒恕對方不是上帝，不可能滿足自己所有需要！盧雲因此可以領受友情的恩賜，而毋須將任何人都承擔不了的責任強加諸對方身上。你呢？你需要饒恕任何人，與對方復和，以致可以重獲那段寶貴的友情嗎？

6

辨明時代的徵兆

某些事件——當世事件、歷史事件、重大事件、人生境遇——可以是路標，指向上帝的旨意及新造的意義，但你必須有眼可看、有耳可聽。

盧雲

傳媒新聞經常報導一些人宣稱我們如今身處末世。恐懼與憂慮，可以左右我們對所見所聞的理解與詮釋。我也確信我們如今身處於末後日子——但我的意思是，我們如今身處上帝的應許中：「萬事萬物都獲更新」。對我來說，身處末後日子，不等於受造物的終局近了，卻等於耶穌所提及的「末後徵兆」已經出現眼前：民攻打民、國攻打國、地震、瘟疫、饑荒、逼迫（參路二十一 9～12）。耶穌告訴我們，世上事件不斷宣告：這世界不是我們的歸宿；「人子」將來會給我們帶來完全的自由。耶穌說：「一有這些事，你們就當挺身昂首，因為你們得贖的日子近了」(路二十一 28)。如果是這樣，我們該怎樣學習察驗當世事件，辨明上帝為我們及一切受造物的美好旨意呢？

上帝的時間在時間之外

梅頓視「時代徵兆」為 *kairos*（譯註：可譯作「時機」、「上帝的時間」、「時候滿了」）。他所講的，是時間的一種永恆性，就是當時間變得充滿意義、當事件指向上帝的旨意。梅頓就這題目寫下許多感想，譬如這段：「聖經很留意時間的豐富性——某件事發生的時間、某種情緒得以感悟的時間、某次豐收或慶祝某次豐收的時間。」[1] 聖經可以成為我們詮釋事件的明燈——當我們著眼於辨明上帝在當下的作為，並毋忘上帝的計劃與最終目標，乃是上帝的主權實現、上帝的愛得勝。上帝的方法往往不同於我們的方法；上帝的時間表往往不同於我們的時間表。明辨的精義，就是提醒自己，要順應上帝衡量時間的方法。

「鐘表時間」(clock time；*chronos*)以分、時、日、週等區分，這個劃分主宰我們的生活。在鐘表時間內發生的，是一連串沒有關連的事件和意外；我們只求管理或駕馭這些事，以致覺得自己的生命仍在掌控中。這種時間是重擔，除非我們將它改換為「上帝的時間」。

「上帝的時間」(God's time；*kairos*)關乎機會，充滿意義，是邁向實現目標的時刻。當我們信靠掌管歷史的上帝，並用上帝的眼光看時間，生活中所遇見的「事件」就不僅是一連串「樂事」或「苦事」，卻更是「上帝的陶造」的一部分，要建構我們的世界、我們的生命。就算生命看似煩冗磨人，難關不絕，我們仍能相信其中確有美意。我們可以窺探上帝怎樣在我們的日子實現祂的旨意。如此，時間不僅是我們經歷、操控、管理的事，更是上帝在我們身上實現祂美好旨意的場所。無論發生甚麼事——好事壞事，順境逆境——我們要問：「上帝要在這事上成就甚麼？」我們因此可以將一整天的事件看為一連串心意更新的機會。時間超越自身，向我們說話，指示我們關乎上帝的事情。

上帝的時間在時間之外。上帝的時間同時蘊含過去與未來的事件於當下。諸如「**此後**」(after)和「**此前**」(before)、「**最先**」(first)及「**最後**」(last)這些詞語，都屬於有生之年及鐘表的時間。上帝是一切的一切、是時間的始與終、是歷史的更深沉意義。要獲得這更寬廣的視角，就要先學習回望，看自己一生那些彷彿沒有關連的事件，其實怎樣引領自己到達今日之境地。正如以色列民不斷反思歷史，發現上帝的手藉著無數悲痛事件引領他們到耶路撒冷——我們也要停下來，辨明上帝在造就我們、拆毀我們的諸事中，怎樣與我們同在。如果我們選擇忘記，就等於容讓遺忘的記憶佔據當下，成為不受控制的力量，嚴重損害我們的生命。忘記過去，等於將原本最親近的老師化作敵人。緊記過去，可以幫助我們活在當下、盼望未來，直到鐘表的時間化作上帝的時間。

上述對時間的概念，有助我們操練明辨所需的耐性。有了耐性，我們才會懂得將每天所有事件——意料之中的、意料之外的——都看為上帝給我們的應許。耐性是一種態度：相信生命不能揠苗助長，必須容讓它按其時成長。有了耐性，才會懂得將所遇之人、所遇之事，以至當世所展現之歷史，都看為緩步向前發展與最終解放的一環。

我們明白上帝的時間的性質，就可以檢視某些**事件**——重大事件、當世事件、歷史事件，以至人生境遇——怎樣成為路標，指向上帝的旨意及新造的意義，但你必須有眼可看、有耳可聽。

重大事件可彰顯上帝的旨意

生命掌握在上帝手中，可以突然、始料不及、出人意表地完結或改變。當我們打算放棄盼望，迎向無可避免的終局，上帝卻由此介入，向我們啟示嶄新的序幕。耶穌的復活是上帝打破人間一切宿命與沮喪的徵兆。在每個重大事件背後，都有上帝行奇事的時機，在我們眼見的表面事物之外，啟示更深邃的真理。上帝也可以在我們人生危急關頭，扭轉乍看絕望的局面，為黑暗帶來光明。

舉例說，在我以「黎明之家」為家一年前，曾經在那裏暫住幾天，因此有機會與所有同工和成員面晤，主領聖餐聚會。某天，一個名叫偉文的核心成員遇上車禍：他橫過一條繁忙街道時，被汽車撞離地面，不但弄斷好幾根肋骨，甚至連一邊肺也刺穿了。我去醫院探望了偉文兩次，與他一起禱告，讓他感受我們對他的愛。看著他使用人工呼吸器，不能說話的樣子，我的心不住下沉。他的情況十分危急，似乎離死不遠。稍後我們再到醫院，偉文在藥物影響下沉睡了，但醫護人員說他仍有轉機。我們回到「黎明之家」，為偉文同心禱告。翌日早上十點鐘，偉文父親來電，為我們捎來好消息：偉文情況好轉了，已經度過危險期。其後我按原定計劃離開多倫多，臨行前再去醫院，與偉文和他父母道別。我向偉文父親示範怎樣在偉文額上劃十字——他從沒有做過這事。當他首次奉聖父、聖子、聖靈之名為兒子祝福時，淚流滿面。父親的祝福，實在有很大療效。

上帝藉著這件關乎牧養關顧的大事，清楚向我和「黎明之家」各人說話。我在「黎明之家」住了九天，深深感受到與這個關顧羣體休戚與共。我與他們的核心成員和同工建立了深厚的關係，他們將我一擁入懷，殷勤款待。他們不會向我隱藏任何事，坦然讓我感受他們的恐懼和愛心。我能夠成為他們一員，實在心存感激。其後幾個月我不斷反思這段甜美的時光，開始領悟一事：上帝讓我瞥見一個新召命的苗頭、一個新崗位，我可以因此踐行上帝為我設定的旨意。藉著那九天，上帝將一個意念播在我心中：我要前去「黎明之家」服事，牧養這個羣體。同時，「黎明之家」的人也就我們相處的日子作出思考，經過明辨，最後得出結論：他們樂意邀請我成為他們的牧者。一年後，經過上述「雙重明辨」，我加入「黎明之家」成為他們員工，兼任駐院司鐸。

回望一生，許多發生在我身上的好事大事，都是完全始料不及的。相反，許多我以為會遇上的事，卻都不曾發生。我愈思想這些事，愈肯定上帝在我生命中時刻同在，但我竟然以為自己在掌控自己的人生，所言所行也反映這傾向！事實是，我的未來並非掌握在我手中。因此，我有充分理由活在當下，並按我當下境地將尊貴榮耀歸給上帝，信靠上帝是生命之主，可以將一切更新。誰知道你我明年今日會在哪裏？所以，你我為何還要擔憂？上帝會賜我們驚喜。

梅頓也將他人生中的大事看為指向上帝旨意的路標。譬如說，一九四一年，他第一次拜訪革責瑪尼隱修院，其後在日記寫道：「我只求一件事：愛上帝……遵行上帝的旨意……有沒有可能，有那麼一天，我會成為這隱修院的修士？」不久後他又寫道：「關於熙篤會的意念……怎麼總是揮之不去？」他反思這縈繞心裏的感受與想法，漸漸將它理解為必須留意的徵兆。[2]

梅頓起初最大的顧慮乃關乎寫作，他不知自己若離開哈林區（Harlem）進隱修院，以後還能否寫作。「也許我害怕的是，寫了東西遭人唾棄……也許我捨不下我的自主、我的寫作機會、我隨心所欲周遊列國的自由。」經過禱告明辨，他總結道：「如果上帝要我寫作，我在哪裏也可以寫啊……然而進隱修院是振奮人心的一件事，我心充滿敬畏與渴慕。我腦海中不斷泛起一個想法：『撇下一切！』」兩週後，梅頓進了革責瑪尼隱修院，開始修士之旅。

瑣碎，似乎無關痛癢的事件、想法、人生際遇，都可以成為我們生命中辨明上帝旨意與呼召的機會。不論是發生在心中還是外界的事，都可以是人生旅途的路標，讓你深入明白聖靈在日常生活中的行事方法。

我們愈是反思這些事，愈能看清一個事實：我們其實難以完全明白上帝在我們生命中所有大小工作。概而言之，我們有的，只是徵兆，指向一些難以言喻的大事。「如經上所記：『上帝為愛他的人所預備的，是眼睛未曾看見，耳朵未曾聽見，人心也未曾想到的』」(林前二9)。如今我們雖然霧裏看花，卻也真的看到一點輪廓。我們有自由，也有責任去審視自己的生命，懷著信心的眼、信靠的心，深知上帝看顧我們，積極參與我們的生活。

當世事件可能蘊含上帝給世人的信息

梅頓也將當世重大事件看為從上帝而來的徵兆，不但為他個人，也為世人。譬如說，他是二次世界大戰爆發(一九三九年)翌年成為熙篤會修士的，但從他的著作和日記所見，這段時期他的心思被戰爭陰影及序幕牢牢籠罩。他的明辨讓他逐步體悟幾件事：他眼下無遠弗屆的破壞力量，驅使他主動撇棄一切，離開世界。國與國相爭競逐疆土貨財，驅使他拋下追求財富的心，在貧乏中度過餘生。還有，將世界撕扯至四分五裂的瘋狂暴力，驅使他恪守非暴力路線，並付上非暴力行動的代價。一九四〇年六月十六日，他在日記寫道：

> 因此，若不像其他人那樣假裝明白這場戰爭之究竟的話，我起碼知道這麼多：眼下正在發生的事，向人發出一個極緊急且重要的呼籲，就是你要主動成為貧窮，立刻撇棄所有財產。偶爾我會真心害怕擁有任何東西——甚至是自己的名字，更遑論錢幣、石油公司股票、軍火、飛機

工廠。我害怕擁有任何物質的慾望，害怕這些物慾會驅使我去殺害甚麼地方的甚麼人。[3]

梅頓看清楚一事：選擇貧窮，不但能夠防止暴力，而且能夠讓人自由地在危難中謀求和平。捨棄（detachment）與漂移（displacement），也讓人得到難得的機會，可以昂然無懼地在暴力世界中站穩腳步。他在《與蓋世太保爭辯》（*My Argument with the Gestapo*）中寫道：

我自知身陷險境，但我怎能懼怕危難？若我記得自己算不得甚麼，就應該知道危難不能奪去我甚麼……我的確懼怕，因為我忘記了自己算不得甚麼。若我能夠緊記，我根本不擁有任何屬於自己的東西，亦惟獨不屬於我而只屬於上帝的東西可以存留，我就不會陷入那麼多虛假的恐懼之中了。[4]

正因為梅頓擁有辨明上帝旨意的屬靈能力，知道自己在重大事件中的召命，也能察驗事件背後的信息，為世人點明「時代徵兆」，難怪他被視為倡議和平與非暴力的最重要作家之一。他常談論一個題目，是「撇棄」與「虛己」（*kenosis*）對現代人的意義。

梅頓認為撇棄不等於罔顧一己責任；相反，撇棄是處世的一種徹底的（radical）立場，讓人可以昂然無懼地衝向邪惡核心，而不被它吞噬。若你不以任何東西為自己的——包括你自己的性命，就能夠拒絕與邪惡妥協，藉此揭露轄制的幻象，還有戰爭與暴力的虛假理據。因此，虛己者，是世上真正的革命者。在這個消費主義、黷武主義肆虐的世代，我們如何能夠迴避一切需求與慾望，為鄰居、社區以至世界尋求平安？

對梅頓來說，當數以百萬計的人經驗了同一事件或一連串重大事件，這些事件就成了辨明時代徵兆的**機遇**。箇中信息，不但為個人，也為信仰羣體以至整個世界。在梅頓時代的重大事件，蘊含甚麼徵兆？梅頓在熙篤會隱修院的日子，至少寫了三十五本書，還有許多信件、日記、札記。從他等身著作可見，他最具力量的洞見，顯於他對當世事件的評議，而他的評議源於靜默與明辨。從他如何讀取時代徵兆，辨明上帝對世界要說的話、要做的事，我們可以獲益良多。[5]

梅頓在《一個歉疚旁觀者的臆測》(*Conjectures of a Guilty Bystander*)中透露了對一九六〇年代，以及對他所身處的年代諸般令人震驚的動亂事件的看法。其時，種族衝突以暴烈的方式爆發，美國人的良知備受越戰鞭撻，貧窮問題困擾全民；就在這樣的時刻，梅頓成了民眾傾聽的對象，期盼在黑暗中尋得一點光明，在混亂中尋得一點清晰。

從一九六〇至一九六八年，梅頓緊貼時局脈搏，包括伯明罕兒童被殺、密西西比民權分子被殺、阿拉巴馬州塞爾瑪市(Selma)神職人員被殺、美國南部眾多教堂被縱火、華茲(Watts)暴亂、紐華克(Newark)暴亂、芝加哥暴亂、克里夫蘭(Cleveland)暴亂，還有從塞爾瑪出發到蒙哥馬利(Montgomery)，最後直指首都華盛頓的大遊行及馬丁·路德·金(Martin Luther King, Jr.)的夢之演說……這些重大**事件**接踵而來，令人目不暇給，更令一個大國瀕臨分裂。面對這些新聞，梅頓沒有掩面不顧，或淡化事件的可怖，卻努力尋問事件背後的究竟——上帝的能力如何彰顯在最激盪時代的個人和社會中。

一九六三年，美國總統遇刺身亡；一九六四至一九六五年間，黑人領袖遭槍手射殺。馬丁．路德．金成了盼望的標記，數以萬計的人參與他所領導的非暴力示威遊行；然而，一九六八年他被槍殺並在亞特蘭大下葬後，非暴力抗爭似乎亦與他一起下葬。[6] 一九六八年炎夏，底特律、芝加哥爆發連串縱火事件，暴亂所挑起的恐怖難以遏止。一九六八年六月，羅勃．甘迺迪（Robert Kennedy）遇刺身亡——他是當世仍能為民眾帶來盼望的白人領袖。謀殺、仇恨、失序、混亂、絕望、沮喪、恐懼、憂慮——這些就是時代的徵兆。美國這個國家失腳撲地，等候曲終人散，或是東山復起。

梅頓不覺得上帝呼召他離開革責瑪尼隱修院，進到民權運動前線，參與和平運動，或加入街頭示威行列。但他也沒有心懷嫌厭地棄絕世界。身為修士，他的任務是禱告與明辨，「揭發幻象真面目」——首先是他自己的幻象，然後是社會秩序的幻象。[7]

對梅頓來說，一九六〇年代的縱火、毀壞、死亡、暴亂，都指向「時機」——是主流文化的一個歷史契機，讓它認罪悔改，不再參與當代經濟權力架構對民眾的壓迫，讓國家重回正軌。梅頓在《默觀生活探祕》（*Seeds of Contemplation*）中寫道：「令人啼笑皆非的是，黑人⋯⋯正為白人提供一個『拯救的信息』，可是白人被自足與自滿蒙蔽了，以致罔顧一大危險，就是漠視這信息的危險。」[8]

「時機」就是合宜的機會、合宜的時間、確實的時刻、重大的事件、生命的轉機。當我們的時間成為「時機」，我們就能通向無盡可能，心意隨時更新而變化。生命中的事件，就算諸如戰爭、饑荒、洪水、暴力、兇殺等惡事，並非不能逆轉的災禍，卻是蘊含改變的潛能於其中。認信的一個確實體驗，就是開始懂得將每年、每週、每天發生的事件，看為尋索整全生命的**道路本身**，而不是出現在那條**道路上的外在物**。

論到上帝如何藉著生活中與世界上的事件向我們說話，可以說的還有許多——我相信在你生命中也有許多從上帝而來的信息，等著你去辨明。在本書中，我分享了梅頓的一些生平軼事，也夾雜了我自己的一些體驗，去說明書本、大自然、人、重大事件如何成為生命道上的徵兆。徵兆不能全然解說我們的呼召，卻是我們呼召的演繹；它也許未能清晰無誤地啟示上帝的旨意，卻能提供明辨的背景。這些徵兆與記號提供每天的引導，提示個人抉擇，支撐行動，幫助我們確認目下模糊不清的新方向。

當然，若我們面臨迫切難題，亟盼清晰答案，所得的卻是幾個書名、對大自然的體驗、幾個人名、一連串似乎沒有關連的事件，難免令人失望！這些東西似乎太貧乏、太淺薄，怎能構成明辨的教義？誠然，對上帝的明辨不可能一蹴而就，上帝也不可能受限於一個以書名、人名、大自然、事件所組成的明辨體系之中——但上帝容許我們向祂**發問**！因此，當我們向上帝禱告，在靜默中尋求上帝，就慢慢學會如何認出祂來——就在人生道上的許多小念頭、偶遇、事件、徵兆、驚詫之中。

明辨的操練

1. 在一張白紙下端畫一塊基石，代表你的出生。在這基石上寫上你的出生日期以及相關事件。然後在這基石上增添別的石頭，代表你生命中其他重大事件，可以是歡樂的，也可以是憂傷的、失敗的。完成這部分後，在你的柱子旁邊加上註釋，標示同時發生的社會或世界大事，例如政治風潮、戰爭、大自然奇觀、天災等。完成這兩部分後，細看整幅圖畫，反思這個問題：上帝在我人生及這世界中，有何心意？
2. 上帝如何藉著一件大事（你可以從以上習作選出一件大事）向你說話？請將答案寫在日記中，然後與你的小組分享。大家分享過後，請反思你從別人的分享中，學到甚麼關乎上帝在我們生命中作工的功課，然後再作分享。

第三部

辨明召命、同在、身分、時間

7

察驗呼召：辨明召命

> 我告訴自己如何度一生之前，
> 須聽聽生命告訴我，我是誰。
>
> 帕爾默（Parker J. Palmer）

上帝給我的呼召是甚麼？上帝要呼召我去哪裏？何處是吾家？這些揮之不去的問題，在我一生中，多次盤踞在我禱告的中心。

打從起初，即有兩個聲音在我心內説話，其一說：「亨利，要確保你靠自己的力量獲得成功。要確保能夠自食其力。要確保我能夠以你為榮。」其二說：「亨利，不論你要做甚麼，就算不是世人眼中甚麼光輝燦爛之事，要確保你時刻貼近耶穌的心，時刻貼近上帝的愛。」

大家或多或少都聽過這些聲音吧，其一說：「好好利用一生，建立你的事業。」其二說：「莫失莫忘你的召命。」這箇中有一種掙扎，一種張力。

起初我試圖以「雙重身分」來化解這張力：我是「神父兼心理學家」。若有人對我說：「不好意思，我們這裏不需要神父。」我就可以回答：「噢，我是心理學家，人情世故我是通達的，所以不要取笑我。」我致力讓那兩個聲音同時存留心中：其一號召我向上爬，務求在教會及學院出人頭地；其二呼召我向下爬，與貧者及弱者同在、同行。

在人生初階，我真的成了父母的誇傲。憑著苦讀，並其後的教學工作，並叨了聖母大學、耶魯大學、哈佛大學的光，我總算成名了。很多人因此高興，我也因此高興。然而，在向上爬的同時，我懷疑自己是否仍然忠於自己的召命。譬如說，我開始留意一事：當我向著數以千計的人講論謙卑時，我同時想著他們對我評價的高低。

我內心失去平安。老實說，我覺得很孤單。我不知何處是吾家。在講台上我勝任愉快，在人後卻是五內翻騰。我開始問自己：我的事業是否損毀了我的召命？所以我禱告說：「主耶穌，求祢告訴我：祢想我去哪裏，我必跟隨祢——但請祢說得清清楚楚。」我不斷重複這禱告。我對這禱告一點不感陌生，每當覺得上帝呼召我去新的事奉崗位，我都會這樣禱告。

「上帝想我怎樣？」人人都會問這問題，而且不止問一次，卻是一生不停地問。我應該打工，還是重返校園？應該成為神職人員，還是帶職事奉？應該教書，還是傳道？應該在海外工作，還是留在家鄉？應該結婚，還是獨身？應該組織家庭，還是加入團體？論到一個全然委身上帝旨意與吩咐的生命，實在有許多踐行方式啊。

若有人問我上述問題，我會懷著出人意外的堅定信念告訴別人，同時也提醒自己：「上帝為你設定了一個非常特別的角色，必須由你扮演。上帝想你貼近祂的心，任由祂引領。在你必須知道你的呼召內容時，你就會知道的了。」新召命都是載滿應許的。有非常重要的東西，等待你去領取；有一個隱藏著的寶貝，等待你去發掘。

眾皆蒙召事奉

我們每個人都有使命。耶穌為祂的門徒向天父禱告說：「你怎樣差我到世上，我也照樣差他們到世上」(約十七 18)。我們極少透徹領會這事：我們乃是奉差到世上來，達成上帝所賜的任務。然而，我們的所作所為，卻好像自己需要選擇如何生活、在哪裏生活、與誰一同生活；我們又好像是隨流漂到世上，要自己決定如何自娛，直到壽終正寢。不！我們乃是奉上帝差到世上，和耶穌奉差到世上一樣。我們只要開始這樣相信，並懷著這信念度日，不久即會知道奉派甚麼任務。任務可能具體而微，亦可能很概略，譬如說在日常生活中踐行彼此相愛的誡命。

福音書提到安得烈與另一個施洗約翰的門徒要跟從耶穌。耶穌對他們說：「你們要甚麼？」他們說：「拉比，在哪裏住？」耶穌說：「你們來看。」他們就去看耶穌在哪裏住，便與祂同住。其後安得烈將所見所聞與他兄弟西門分享，於是西門去見耶穌（約一 38～42）。這段記載包含三個重要的動詞，關乎辨明上帝如何呼召：**尋看**、**同住**、**分享**。我們尋找上帝，看見了，與祂同住，與別人分享所見所聞，就能漸漸察覺耶穌呼召我們的獨特方式。

一九七四年，我在傑納西隱修院住了一段日子，期間讀到一篇描述阿拉斯加興建輸油管的文章。其時阿拉斯加有一股「尋油（石油）熱」，就像一百年前的「尋金熱」一般瘋狂。在我的想像中，阿拉斯加是冒險家的樂園：一心想發達的人、方興未艾的酒館與罪惡、油田爭奪者的彈雨槍林⋯⋯這些人身經百劫，孑然一身，可能有極大屬靈需要。我幻想自己去到那裏，成立一個跨宗派佈道組織；又幻想自己到處講道，主持聖禮，聚會後在營火旁或酒館裏與工人促膝長談⋯⋯這不純粹是空想，因為我曾經有類似的傳道經歷：我年輕時去過庇里牛斯山（Pyrenees）服事一羣水壩工人，也開過「教堂貨車」到西德各地，為從東德逃難到來的天主教教徒舉辦退修活動。這些都是陳年回憶了，卻還歷歷在目。

我的心靈誠然被這「到荒漠去服事」的想法吸引去了，但我怎知道上帝是否呼召我去費爾班克斯（Fairbanks；譯註：阿拉斯加第二大城市）做神父？順帶一提，梅頓也想過去阿拉斯加做隱士，這是他一九六八年在印度遊歷時的一個白日夢。我知道上帝的呼召有時真像白日夢，但如果那想法縈繞不去，就要尋求幫助，多找些人一起去辨明那想法究竟是值得追逐的召命，還是不值一哂的旁騖。對我來說，那一次興起去阿拉斯加的慾望，結果證明是旁騖。與朋友交談、討論，讓我清楚我的召命不在阿拉斯加。於是我回到校園教書，且度過果實纍纍的許多年。

察驗另一呼召：在拉丁美洲住在窮人中間

我在耶魯大學神學院教了十年靈修神學，自問可以自在地回答一個困擾我多年的難題了：我為甚麼對拉丁美洲窮人有一個極強烈的負擔？我曾經對阿拉斯加也很有負擔，但那負擔是短暫的，遠不及這負擔揮之不去。怎麼說呢？我總拋不開一個衝動與想法，就是必須學習西班牙語。這想法有點莫名其妙，我想不出任何理由。這是為甚麼呢？我真的不知道，我只盼望離世前可以知道答案。這奇怪的熱忱，背後一定有原因！

及後我讀到一篇文章，描述祕魯的瑪利諾（Maryknoll）修會社區，我有強烈的似曾相識之感。文章作者布斯坦（Paul Blustein）講述魯格爾神父（Father Peter Ruggere）與一個營養不良的女嬰的經歷：「她肯定只能有幾年壽命。神父將她擁在懷裏，用西班牙話不斷對她說輕輕說話。那孩子不笑不哭，只是睜著暗啞的棕色眼睛，傻傻看著神父。」我讀到這裏，又再覺得要去祕魯——作者描述在利馬的人，我覺得就是我將來的鄰舍。我告訴自己，必須親自去看看上帝在祕魯的工作，並探索那裏有沒有上帝給我的事奉崗位。

我為我的召命掙扎曠日彌久，終於作出決定：離開我廣受歡迎與稱許的耶魯，去檢視一個新呼召。我先去紐約州北郊傑納西隱修院探望一些熙篤會的朋友，好好預備自己，有系統地辨明在拉丁美洲的事奉機會。對我來說，好好道別是要事：放下過去，展望全新的事奉和召命。這聽起來可能矛盾：耶魯的學生和同事給我的回應，還有那些促膝長談，讓我深深獲得一種使命感。我確定這次歷程不只出自一個精彩的想法，更出自一個差遣——那些最愛我的人，以愛與禱告支持我踏上征途。我愈感受到這份真愛，內心愈得釋放，可以平平安安上路，關乎動機的內心交戰亦漸漸消減。

約翰．華西（John Vesey）是我一九七二年在玻利維亞結識的朋友，他特意從布魯克林（Brooklyn）來到紐海文（New Haven）幫我打點行裝。其時我已決定去玻利維亞操練西班牙語，並加入祕魯的瑪利諾修會，華西對我的想法大力支持。他是老朋友，我也信任他對上帝旨意的明辨能力，因此我對這次旅程格外有信心。有時你想知道上帝是否呼召你去某處，就必須親身到那處探箇究竟；你很快就會知道，那處是否上帝要你去的地方。

一九八一年十月，我到了祕魯的利馬，與瑪利諾修會的人見面，然後去玻利維亞的哥查班巴，上一個為期三個月的語言課程，操練西班牙語。我開始寫日記，記錄這個過渡期的事，也藉此稍稍梳理這為期六個月的明辨之旅中，我那些紛紛揚揚的印象、感受、想法、遭遇。[1] 當然，最重要的還是回答此問題：上帝究竟是否真的呼召我將來停駐在拉丁美洲事奉呢？

從我抵達祕魯那一刻起，我就深深愛上這國家。我在繁盛路上溜達，觀看男女老幼，有一種奇妙的歸家之感。「我屬於這裏，這是我必待之地、我的家。」對我來說，那是自在又欣慰的一天，確認了我來這國家的決定。祕魯和大多數拉丁美洲國家一樣，既有豐富資源，也有侮人貧困；既有美艷鮮花，也有齷齪街道；既有愛心大使，也有可怖酷刑；既有微笑孩童，也有冷血兵士。在這裏，在爭鬥中，人人在矛盾與憂患中尋找上帝的珍寶。

我曾在耶魯教授一個課程，講論四世紀埃及沙漠教父的智慧。如今人在祕魯，我重溫一些沙漠教父故事，心中激發前所未見的力量。其中一個故事是這樣的：某天，亞辛留（Abba Arsenius）問一個埃及老者在思考甚麼。有人看見了，問道：「亞辛留夫子，像你這樣通曉希臘拉丁文化的人，為甚麼要問一個農夫在思考甚麼呢？」亞辛留答道：「我的確通曉希臘拉丁文化，但我連這位農夫的字母也未學會啊。」

上帝呼召你成為窮人的牧者，你的首要任務，就是學習農民的字母。祕魯的**農民**有極大的珍寶與人分享——只要你願意聆聽、願意學習，他們便樂意與你分享。

我在拉丁美洲學會一個道理：真正蒙召到異鄉事奉窮人者，總會在傳福音對象心中搜尋上帝的珍寶，就是隱藏在人心中的珍寶。他們總在尋找，因為知道上帝的美與真，乃是藉著他們事奉的對象彰顯出來。住在我們心中的是上帝的靈，當然懂得辨認上帝在世上的蹤迹。我們能夠在人身上「看到」、「聽到」上帝，是因為擁有屬靈辨識能力，令我們曉得將鄰舍視為上帝的使者。因此，去到窮人面前，就是去到主面前。然而，我還有一個問題必須解答：我能否長年累月在祕魯看見上帝、事奉上帝呢？

我是否蒙召住在窮人中間？

我要解答的重大疑問是：我真的可以住在窮人中間？接近一年時間，我在拉丁美洲住在窮人中間，某程度上過著共同的生活。但我斷不是窮人。我喜愛佳餚，又有時間閱讀和散步。我喜歡淋熱水浴。我喜歡日間小睡，偶爾放假，定期旅遊。簡言之，我與窮人同住，但我沒有變成窮人。有人覺得事奉窮人就要變成與窮人一模一樣；有人覺得這種一致是不現實甚或不真誠的。我在拉丁美洲的事奉體驗是：除非我偶爾能夠離開一下，不然我在肉體、精神、靈性上都不能支撐下去。譬如說，一些我在美國居住時根本毋須在意的生活環節——洗衣服、做飯、寫作、清潔家居等——在祕魯社羣生活中卻成了複雜而耗時的苦差。大風過後，家中一切佈滿塵土；清水必須煮沸才可飲用；隱私幾乎不存在，小孩子整天走進走出，沒有一刻安靜，大小噪音日夜不止。我愛這地方，也愛這裏赤貧的人，但我有機會也會逃離社羣一下，與我的「同類」共處片刻。

要回應呼召，住在窮人中間服事他們，你必須面對現實。你必須接受你的背景與限制。你要提醒自己，耶穌說「貧窮的人有福了」，不是說「想幫助窮人的人有福了」。福音的確呼召人「向下爬」，你要回應這呼召，接受基督之道乃是虛己之道。這些對你具體來說是甚麼意思、有甚麼含義，可能是你要窮一生思索的疑問。

關乎我召命的疑問，沒有因為我來了拉丁美洲而變得容易。我有時打從心底樂意住在窮人中間服事他們，卻也有時深感力不能勝：語言文化差異、每天的掙扎、沒完沒了的牧養工作，完全出乎我昔日一切想像。我的情緒像升降機不斷上落，此刻大發熱忱，旋即否定自我。面對難關，我與所有可以討論的人都討論過了：我應該計劃、應該不計劃？我應該去、應該留？

我不急於抉擇，寧可多花時間沉澱思想。這是一個急不來的明辨過程。我相信當我內心重獲平安，經驗從上帝從人來的呼召，就會知道下一步該怎樣走。我必須更有意識地將我的求索放在上帝的同在中，禱告求上帝賜下更多亮光。

一九八二年三月二十六日成為我人生中一個重要的日子。那天早上我與史本努拿神父（Father Matias Siebenaller）談了足足三個鐘頭。史本努拿神父來自盧森堡，在利馬當牧者，與我是舊相識。交談過後，我覺得心中許多疑團開始消散。他親切地提出具體意見，同時毋忘鼓勵支持，讓我切實感到自己所蒙之召是真的。他又邀請我去他教區，實驗我的構思：建立一個小小羣體，學習款待、彼此服事、操練默觀、服務社區等。

史本努拿神父又說，他認為我在祕魯住的日子夠多了，應該可以確定自己要留下還是離開。再多的尋問或更迫切的禱告，都是不需要的。百分百肯定一事，是不可能的，抉擇必然涉及冒險；不過，除非我有足夠理據作新抉擇，否則我應該留下。史本努拿神父特別提醒我另一要事：不要切斷與美國學術圈的聯繫。他認為就算我委身祕魯教會事奉，也應該透過寫作與講學，與我昔日世界保持溝通。

經過這個早上的傾談，我漸漸生出結論：我覺得我在祕魯的日子來到終結之時了，而我將來事奉的模式也漸漸現出輪廓。我覺得上帝呼召我加入一個先導的、提供關顧服事的信仰羣體，但這羣體很可能不在南美洲。我不覺得自己可以或應該在南美洲定居。就在那一天，我獲得和諧、協調、自在的感覺，還有清晰的召命。為了尋找我的召命，我竟然要來到祕魯——這是我明辨中的重要一步，雖然祕魯沒有成為我長駐的地方。

經過六個月時間，藉著一連串遭遇、交談、默觀、反思，我終於確定一事：我渴望住在拉丁美洲窮人中間，服事他們，但這渴望並未構成一個具體的召命。我知道大學不再是我踐行召命的地方，但我也知道上帝或上帝的子民沒有叫我進駐玻利維亞、祕魯、瓜地馬拉、尼加拉瓜這些地方。我在這些地方的經驗既刺激又受益，但沒有讓我生出堅定不移、勢在必行的信念——堅定不移、勢在必行的信念，是真正召命之命脈所在。

當我還在不斷辨明「上帝是否呼召我來拉丁美洲定居事奉？」這問題時，我漸漸從人們口中常說的一個字得到啟迪，那個字是西班牙語 *gracias*，意思是「謝謝」。一切都是恩典。光與水、住房與飲食、工作與閒暇、兒女、父母、先祖、生死，都是天賜禮物。我們的第一召命，是領受這些恩賜並道謝。若我真有甚麼召命在拉丁美洲，就是從這裏的人領受他們付出的恩賜，再將這些恩賜帶回家鄉，成為人們的救贖與醫治。

一旦明白了自己並非蒙召住在拉丁美洲的窮人中間，我的任務就清晰了：我要回北美去，將我祕魯朋友的需要，還有他們的美德，讓世人知道。正如後來我朋友范尼雲說，我的任務是為窮人發聲，而不是直接參與窮人服事。我的主要恩賜和呼召是寫作、講話，以及與拉丁美洲朋友站在同一陣線。我沒有長住在拉丁美洲的恩寵。論到從上帝而來的召命，你必須有上帝的恩賜和恩寵，才可以達成任務。

我沒有奉召長駐拉丁美洲的恩寵，但我一個朋友有。她發現她召命的故事，說明當我們感到有探索新生活方式的衝動，就必須不斷成長，以面對那些隨之而來的懷疑與挑戰。比娜是墨西哥人，曾經是法國特羅斯利方舟團體的同工，蒙召住在拉丁美洲窮人中間之前，在方舟團體服事了智障者兩年。比娜（Pilar）有成熟的屬靈生命，也極有領導才能。她溫柔而剛毅，愛禱告又有活力，敬虔愛主，矢志為窮人爭取權益。她曾告訴我說：「我一直覺得上帝呼召我去服事窮人，如今我確定了，上帝呼召我去服事的『窮人』，就是有殘障的人。」

對比娜來說，要問的不是「誰？」或「甚麼？」，而是「哪裏？」。范尼雲請她考慮在巴西和瓜地馬拉開辦新的方舟團體，她默默聆聽，然後說：「我不想僅憑己意去一個地方，開辦一個計劃。我必須確定是上帝呼召我去那個地方，不然不會有成果的。」

比娜曾經邀請我同往一所小教堂，花時間一起禱告，求上帝賜下更多清晰的指引。我們默默禱告，我心中漸漸湧起一種深深的喜樂，這喜樂來自融入一個極微小、極新穎、極有盼望的「同在」中。

我在拉丁美洲察驗召命，學到一個功課：我的召命，廣義來說，不過是享受上帝的同在，遵行上帝的旨意，為我無論身處何地而感恩。至於「我要住在哪裏？」、「我要做甚麼？」之類問題，若與「我的心怎樣可以定睛在主身上？」相比，實在微不足道。我可以在耶魯教書、在傑納西隱修院烘麵包、在祕魯服事貧窮孩童、專心寫書——卻仍然自覺一無是處！我也可以做同樣的事，深感自己在踐行召命。世上實在沒有所謂的「正確地方」或「正確工作」。身處任何景況，我都可以難過或喜樂，焦躁或心安。在必須決定前路之時，我終於明白一個簡單的道理：住或不住在利馬五年、十年、二十年，不是甚麼重大的決定；全然、毫無保留、一無所懼地歸向主，**才是重大的決定**。主提醒我，在此世根本沒有永存居所，我不過是個客旅，要去一個神聖的地方，在那裏上帝要將我捧在手中。這個深刻的發現釋放了我，讓我成為天路客，可以不停禱告，心被恩感。

黎明路上：蒙召歸家

我從祕魯回到北美，進了哈佛教書。我知道自己蒙召要為上帝看顧貧窮人與受壓迫者作見證，尤其是拉丁美洲的貧者與受壓迫者。我又覺得蒙召加入一個盡心竭力服事、關顧窮人的羣體——但我仍不知道這樣的羣體在哪裏。但一如既往，上帝透過一些人向我說話，播下種子，預備道路，讓我走向一個尚待啟示的未來。

我搬到劍橋（譯註：哈佛大學所在城市）不久，某天早上，門鈴響起，訪客是一個我不認識的人。其時我身陷困境：我在渴求一個可以專注祈禱事奉的羣體，但這在哈佛似乎難若登天。我打開門，門外站著一個年輕女子。

「你是亨利．盧雲？」

「是的。」

「我來，是給你帶來范尼雲的問安。」她說。

我聽過范尼雲的名字，他是法國方舟團體創辦人，服事智障人士。我讀過一本他的書，並將之列入我其中一個課程的必讀書目。但我沒有見過他本人。

我說：「噢，有心了……謝謝。有甚麼需要我幫忙嗎？」

「不，不，不，」她說，「我來，是給你帶來范尼雲的問安。」

我再說：「謝謝，有心了……你們想邀請我演講、寫文章，還是授課？」

「不，不，不，」她再說，「我來，不過是給你帶來范尼雲的問安而已。」

她名叫莉絲（Jan Risee）。莉絲走後，我坐下忖道：「這件事不簡單，似乎是上帝在應允我的禱告，給我一個信息，呼召我做新事。」沒有人邀請我接受新差事或參加新計劃，沒有人要求我幫忙，不過是有人向我介紹另一人而已，而那人聽過我的名字。這件事有點怪，也出人意表。

在莉絲那一次探訪我之後三年，我才終於跟范尼雲會面。

我們這次會面平平無奇——在一次靜修會中，人人一言不發。會後，范尼雲以非常直接而輕鬆的語氣對我說：「亨利，也許我們這個殘障者羣體可以成為你的家，一個你真心覺得安全的地方，一個讓你以嶄新方式遇見上帝的地方。」

他沒有要求我幫忙；他沒有要求我服事殘障者；他沒有說他們需要一個神父；他只是說：「也許我們可以成為你的家。」

就在那一刻，我知道他乃是奉上帝之名向我說話。

一步步地，我明白了必須認真回應這呼召，於是開始探討住在智障者中間並服事他們的可能。我又擱下教鞭，離開大學，去法國特羅斯利的方舟團體住了一年。這個智障者與照顧者共住的羣體，矢志活出「山上寶訓」精神。然後我回應呼召，成為他們在多倫多市郊分部「黎明之家」駐院司鐸。他們是個百人羣體：大約五十個殘障者，五十個照顧者。回想起來，我難以想像自己會加入加拿大而不是南美洲的羣體。我在祕魯的明辨時刻，深刻認識自己的身分與限制，讓我其後聽到呼召，與范尼雲會面，考慮加入方舟團體。這些漫長的歲月，至終領我到一個前所未料的境地。

召命——目標在望

回望過去，我終於知道自己不是蒙召住在拉丁美洲，卻是住在北美多倫多。我的歸宿不是在耶魯或哈佛當大學教授，卻是在「黎明之家」做牧者。乍看，東離西有多遠，利馬和多倫多的分別就有多遠——是貧民窟窮人與「黎明之家」智障者的分別；是南美洲殘酷不仁、適者生存與方舟團體生命安全受保護的分別；是關乎解放神學激烈辯論與關乎我們羣體生活斯文分享的分別。但我從頭檢視在拉丁美洲的六個月生活、對召命從未間斷的尋索，如今我可以百分百肯定地說：沒有那段期間我記在日誌中的種種經歷，我不會走到今日的境地。

在祕魯的利馬，我辨明上帝對窮人額外關顧，讓我漸漸相信自己也要選上這樣的路線。就在這地方，我清楚聽見上帝的呼召：餘生要成為牧者。就在這地方，我首度發現：那些被我們社會遺棄的人，其實帶著極大的寶藏。就在利馬，我學會一個功課：沒有禱告和羣體，我一切牧養努力都不會有成果，只會以沮喪告終。

如今我看清了：我渴望離開大學、住在窮人羣體中間，這渴望是上帝賜予的，雖然這渴望須經火一般煉淨，才會有實現的可能。我是慢慢領會過來的：上帝的呼召，其實是上帝對我心底渴望的回應——渴望在屬上帝的窮人中間找到居所。

我花了很長時間，才看清楚自己屬於「黎明之家」這羣體。我從前以為我的召命不過是服事窮人，其後才明白更深刻的召命是做個報信者，去宣告上帝的愛澤及萬人！我又確定一事：我的最終歸宿不是一個地方，而是上帝的永恆擁抱。我確定了這事實，就能與任何人在任何地方，樂享與上帝——差遣我來到世上奉耶穌之名說話行事的那一位——同在的善、美、愛。辨明召命的過程，是我終日風塵僕僕，必須倚仗許多禱告，還有許多對話與交流，但每一步都是一次重新確認，讓我記得自己的身分，還有我那獨一無二的生命目標。論到獨一無二的生命目標，人人皆有，沒有例外。

明辨的操練

1. 你一生中，至今有甚麼「內心聲音」縈繞於心？曾有聲音告訴盧雲要獲得成功，另一個聲音告訴他要時刻貼近耶穌的心，還要關顧窮人，這兩個聲音帶來張力與掙扎。你呢？你能否指出你的張力與掙扎——源於別人加諸你身的期望，以及渴望全心全意實現上帝為你所定的旨意？你辨認上述聲音後，試試與那些聲音個別對話，讓你認清每個聲音如何影響你生活的態度與方式。

2. 盧雲在祕魯發現自己不能長期住在赤貧者中間，他習慣的閒暇與舒適，在利馬羣體生活中不會得到。你呢？你有甚麼限制或曾經作出的承諾？這些限制或承諾與上帝給你的召命有何關聯？你接受這些限制或承諾也是你明辨的內容嗎？你該做甚麼事，才可以肯定自己——一個有優點及缺點的自己——是上帝所呼召並賜恩的人？

3. 論到「最終召命」，盧雲終於辨明關乎「誰？」（殘障者）、「甚麼？」（為窮人的恩賜及上帝的愛作見證）、「哪裏？」（「黎明之家」）的疑問。你呢？上述三個關乎你召命的疑問，哪一個你已清楚，哪一個你仍在探索？當你發現了要服事誰、要做甚麼、要去哪裏尋找歸宿，你召命各環節就會像拼圖遊戲的各個組件，加起來成為完整的圖畫。此刻你有甚麼是肯定的，甚麼是不清楚的？將你召命各環節現況記在日記，並與你小組或靈修導師分享。

8

敞開你心：辨明上帝的同在

我們生活、動作、存留，都在乎他。

徒十七28

凡人之中皆有屬上帝之性，凡物之中皆有屬上帝之性。

公誼會對「內心亮光」的傳統看法

每個早上，有時獨自一人、有時與眾一起，我會至少花一個鐘頭安靜禱告默想。我說每個早上，但偶爾難免破例。疲累、忙碌、分身不暇，常常成為沒有禱告的理由。然而，失去這一天一小時為上帝付出的時間，我的生命會失去秩序，然後日子變成一連串隨機事件及意外，而不是上帝安排的約見和會晤。

我每天與上帝相會一小時，這並非甚麼幽深的禱告時刻，如思索上帝的奧祕、享受與上帝的親密；相反，我總是意馬心猿、焦躁不安、混亂，以至沉悶。老實説，許多時候根本連「愉快」也稱不上。然而，就算我不能夠像感受人的擁抱那樣地感受上帝的愛、不像聽到人的安慰那樣地聽到上帝的聲音、不像看到人的笑臉那樣地看到上帝的微笑，但上帝依然向我説話、看顧我、擁抱我。我在那不可思議的渴慕中，察覺到上帝的同在——渴慕回到那安靜的地方並留下，無關任何現實的滿足。我又留意到一事，也許是事後才發現的：這些恆常的「浪費」時間的日子，與其他日子，確是有分別的。上帝比我的感受大、比我的思想大、比我的心大。我真心相信，上帝能夠觸及我心中一些自己探索不到的暗處；我禱告時，也能夠觸及心中與我同在的上帝。

上帝的同在往往是婉約、微細、安靜、隱蔽的。「從耶西的本必發一條；從他根生的枝子必結果實」(賽十一1)。我們的拯救來自微細、溫柔、脆弱、毫不起眼的事物。宇宙的創造主，以微細、軟弱、隱蔽的方式來到我們中間，如果我不能留意上帝同在的微細徵兆——嬰孩的微笑、兒童在遊戲中的忘懷、朋友之間的勉勵及關愛，我的心眼就依舊是盲的。上帝同在的應許，藏於那自殘幹中發出的枝條。

在禱告中與上帝同在

東正教都主教布羅姆(Anthony Bloom)在他精彩的小書《禱告伊始》(*Beginning to Pray*)中描述施路安神父(Father Staretz

Silouan）為他的鄰居兼修院工場同工尼古拉斯（Nicholas）禱告的事迹（施路安來自一個純樸的俄羅斯農夫家庭，一九三八年死於阿索斯山〔Mount Athos〕）：

> 起初我憐愛他們，一邊流淚一邊為尼古拉斯並他年輕的妻子及年幼子女禱告。但在我禱告之際，上帝的同在感益發加增，令我開始忘卻尼古拉斯並他的妻子兒女，還有他的需要及村落……我只能夠意識到上帝，這對上帝同在之意識，將我吸引至深處、更深處，突然之間，在這同在的核心之處，我遇見上帝的愛，這愛圍繞著尼古拉斯並他妻子兒女，於是我在這愛中重新開始為他們禱告，但我又再被吸引到那深邃中，又再在其中尋見上帝的愛。[1]

除了尼古拉斯，施路安神父的修院工場還雇了許多農夫，他們來修院打一兩年工，希望掙夠錢成家立室，或買下少許耕地。布羅姆寫道：

> 有一天，修院其他工場的教士來問施路安說：「施路安神父，為甚麼你工場的工人做事那麼勤快？你從來不在場督工啊！我們整天監督他們，他們反而不斷躲懶、偷工減料！」施路安說：「我也不知道，我只能把我的做法告訴你們：我每個早上進工場前，總不忘記先為他們禱告，我心中充滿對他們的憐愛；到我進到工場，心中盛著愛他們的眼淚。然後我分派他們當天的任務。他們做工之際，我也會繼續為他們禱告——我會進到我房間，逐一為他

們禱告。我站在上帝跟前，說：「主啊，求祢記念尼古拉斯〔和其他人〕。」[2]

這偶爾在我們憑愛為人禱告時出現的「上帝同在」的內心經驗，究竟是怎麼回事？我們怎樣在日常生活中培養它？我認為答案就在耶穌那兩個往以馬忤斯路上之門徒的經驗中。

我們的心豈不是火熱的嗎？

細意聆聽這段經文，辨明在路上與我們同行的那位真實的同在。你如果開口唸出這段經文，可能會聽到你眼睛看不到的東西：

正當那日，門徒中有兩個人往一個村子去；這村子名叫以馬忤斯，離耶路撒冷約有二十五里。他們彼此談論所遇見的這一切事。正談論相問的時候，耶穌親自就近他們，和他們同行；只是他們的眼睛迷糊了，不認識他。

耶穌對他們說：「你們走路彼此談論的是甚麼事呢？」

他們就站住，臉上帶著愁容。二人中有一個名叫革流巴的回答說：「你在耶路撒冷作客，還不知道這幾天在那裏所出的事嗎？」

耶穌說：「甚麼事呢？」

他們說：「就是拿撒勒人耶穌的事。他是個先知，在上帝和眾百姓面前，說話行事都有大能。祭司長和我們的官府竟把他解去，定了死罪，釘在十字架上。但我們素來所盼望、要贖以色列民的就是他……」

耶穌對他們說：「無知的人哪，先知所說的一切話，你們的心信得太遲鈍了。基督這樣受害，又進入他的榮耀，豈不是應當的嗎？」於是從摩西和眾先知起，凡經上所指著自己的話都給他們講解明白了。

將近他們所去的村子，耶穌好像還要往前行，他們卻強留他，說：「時候晚了，日頭已經平西了，請你同我們住下吧！」耶穌就進去，要同他們住下。

到了坐席的時候，耶穌拿起餅來，祝謝了，擘開，遞給他們。他們的眼睛明亮了，這才認出他來。忽然耶穌不見了。他們彼此說：「在路上，他和我們說話，給我們講解聖經的時候，我們的心豈不是火熱的嗎？」

他們就立時起身，回耶路撒冷去，正遇見十一個使徒和他們的同人聚集在一處，說：「主果然復活，已經現給西門看了。」兩個人就把路上所遇見，和擘餅的時候怎麼被他們認出來的事，都述說了一遍。

路二十四 13～35

同行的兩個人在路上迷失了。他們垂頭喪氣，一臉愁容，彷彿籠罩在黑暗中。他們談論相問，卻益加陷入絕望中。他們曾經對耶穌寄予厚望，以為祂是以色列的救贖者，但似乎是春夢一場，因為耶穌被官府定罪、處決、除掉了。

我幻想自己身處往以馬忤斯的暗路上：我是其中一個門徒，灰頭土面地與另一門徒交談討論。我們就是這樣，偶爾深陷自己的營營役役與煞有介事之中，還要拖垮友伴的愛心付出與努力求變。我們瀕臨屬靈死亡，內在活力及外在自信，都已彷彿明日黃花，難再改換世界半分。我們業已迷失，在自己及別人身上都找不到上帝的恩賜。沮喪將我們送進墳墓。

忽然耶穌在路上出現，只是我們認不出祂。祂與滿心憂愁、沮喪的我們同行。祂剛在墳墓待了三天，明白坐困愁城的滋味。祂細聽我們的故事——混亂、迷惘、哀傷、迷失、人的軟弱、心的幽暗。是的，祂確然與失喪的我們同行。

祂終於開口。祂從墳墓發出聲息。祂按曾經歷的告訴我們：上帝的愛比人的沮喪大；上帝的信實突破「上帝離棄我」的經驗；上帝會帶領祂所愛的穿越墳墓黑暗，進入復活的光明中。因此，我們已經冷卻的心，重新喜樂熾熱。

但這故事還有更深的含義。往以馬忤斯路上之門徒的故事，不但是一個在困難時刻勝過憂愁沮喪的故事，它更是一個福音故事，啟示一個屬靈法則，一個發現基督同在我們人生路上的法則。這個辨明隱藏之上帝同在的法則，包含至少四個屬靈操練：（1）**講解聖經**，或神學反省；（2）**住下**，亦稱為「在祂裏面」或「藉著禱告與祂同在」；（3）**擘餅**，或在聖餐中辨識基督同在；（4）**記念**耶穌，或「心感火熱」的經驗。這四個操練本於聖經，亦見於傳統，是日常生活中辨明上帝同在的操練。

講解聖經

耶穌問往以馬忤斯路上那兩個門徒說：「基督這樣受害，又進入他的榮耀，豈不是應當的嗎？」（路二十四26）。這是福音書其中一段最為人知的話，因為它徹底改變人對受苦的看法。苦痛與患難，不再是通向永生榮耀的障礙，而是必經之路。

耶穌從亞伯拉罕、摩西、眾先知的受苦講起，讓兩個門徒學會一事：他們那件最感沮喪之事——他們的朋友，原本被視為彌賽亞的耶穌的受苦——原來是新生命的泉源。耶穌為門徒揭示聖經奧祕，門徒的心給燃點起來。他們原本已經放棄盼望，生命方式回復舊觀，此刻獲得轉化；原本已經辨認不出眼前的彌賽亞，此刻開始改變。此刻，他們可以領受上帝在世上所做的新事了。他們不再期望生命免去失望與憂鬱，而是期待耶穌在失望與憂鬱中出現，帶給他們盼望與轉機，可以有嶄新的方式去看和信。

論到教會生活，每次聖餐的「聖言服事」(service of the Word)，就是幫助我們接觸這奧妙的同在：讀經與講道，都是為了幫助我們辨明基督的同在——祂在我們的憂愁與喜樂中與我們同行。所謂聖餐的同在(Eucharistic presence)，首要是上帝藉著聖言與人同在；沒有聖言同在，就難以在擘餅中辨認到上帝同在。值得留心的是，講解聖經最好在羣體中進行；獨自閱讀聖經，難以充分體會基督這應許的奧祕：地上有兩三個人奉祂的名聚集，祂就在他們當中。

住下

被視為陌生人的耶穌留心聽**兩個門徒**說話，因此兩個門徒也留心聽**祂**講解聖經。兩個門徒聽著聽著，內心漸漸復元，他們重拾心底愛的恩賜。這給他們帶來新生命、新盼望、新動力，一個嶄新世界由此出現。

這位陌生人成為他們的朋友。兩個門徒想陌生人留下住宿。陌生人沒有任何表示，也沒有度宿請求。事實上，祂似乎想繼續上路，只是他們強留祂，甚至堅持要祂留下。祂答允他們的請求，「住下」了。

「**住下**」一詞與「**在祂裏面**」有關，在福音書有屬靈含義，特別指到**內住**，是人一種得釋放且獲得生命的狀況。記得耶穌受難前向門徒道別的話嗎？祂說：「枝子若不常在葡萄樹上，自己就不能結果子；你們若不**常在我裏面**，也是這樣」（約十五4）。耶穌在世最後最大的應許是：「我就常與你們同在，直到世界的末了」（太二十八20）。要常在耶穌裏面，前提是必須與耶穌同行，不回頭，預計會在意想不到的情況下，在心中，遇見耶穌。

擘餅

耶穌同兩個門徒「住下」了。用膳時，耶穌為晚餐祝謝，兩個門徒突然認出祂來。耶穌祝謝有其獨特風格——拿起餅來，祝謝，擘開，遞給眾人——很簡單，很普通，很尋常的動作，卻又非常特別！在路上彷彿有幅幔子蒙蔽了兩個門徒的眼睛，令他們認不出耶穌。此刻在席上，耶穌拿起餅祝謝，擘開，要與他們共用時，那幅幔子一下子消失了。他們知道祂是誰，原來祂仍然與他們同在。

聖餐，不論按普通還是聖禮層面理解，都關乎確認——清楚知道拿起餅來，祝謝，擘開，分給眾人的那一位，就是從時間之始即渴望與我們時刻同在的那一位。參加聖餐，就是領受並確認上帝同在的恩賜。值得注意的是，這一頓往以馬忤斯路上的感恩晚餐（譯註：Eucharist 一詞原有「感恩」之意），並非教會裏的一個聚會，而是幾個旅客在途中休憩而已。兩個門徒憑愛心情誼款待友人之際，認出耶穌來。

記念

「他們的眼睛開了，這才認出他來。」但就在那一刻，耶穌忽然不見了。就在兩個朋友認出擘餅的是耶穌之際，祂就不見了。恰恰在耶穌的靈最接近兩個門徒之際，耶穌的身體就不見了。在此，我們觸及聖餐神學最神聖的要義：與耶穌最深的同在，發生在看不見祂之際。這是信心的奧祕。基督與我們同在，但我們同時在等候祂全然歸來。

在耶穌忽然不見了後，兩個門徒彼此說：「在路上，他和我們說話，給我們講解聖經的時候，我們的心豈不是火熱的嗎？」奧妙的是，兩個門徒遇見了耶穌，眼和心打開了，不再需要看見祂的身體，也知道祂與他們時刻同在了。如今他們可以「記念」時刻住在他們裏面的祂。

昔日發生在兩個門徒身上的神蹟，今日也可以發生在我們身上。不久前我就有這樣的經歷。我遇上幾件十分惱人的事，使我陷入憂鬱中，猶幸上帝差一個人到我面前，是一個意料不及的朋友，是我可以十分信任的。我告訴他事情始末怎樣困擾著我。他耐心聆聽，然後溫柔地告訴我，他也走過同樣的路，他的結論，是上帝要藉著這許多苦痛，帶領我進入新領域。這新領域就是「兩個門徒與陌生人」相遇所帶來的新領域。當我的心向這新領域敞開，我就不再形單影隻，孤立無援，悻悻然回到幼年老巢——因為我已不再孤單，我已找到朋友、同伴、愛的聲音。傾訴心聲後，我的重擔立時卸下。其後我們共膳，我知道是上帝差天使來給我安慰勉勵，將我的沮喪化為盼望。

往以馬忤斯路上發生的大事，是上帝同在的新一頁。祂聆聽，祂體諒，祂成為朋友。兩個失落的門徒，找到一個新領域，原本令人憂愁的事，變為帶來喜樂的事。他們知道自己不再孤單。耶穌與他們一起擘餅後，就從他們眼前消失了，因為不再需要出現了。如今他們「在心裏」認識祂，可以自由自在地回到耶路撒冷，將福音捎給眾人。領受上帝的同在，不僅惠及個人，也惠及他人。我們得了安慰和復興，就能將安慰和復興帶給仍在路上掙扎的人。

記念耶穌——因著一次與復活基督的相遇，重整盼望與意義——兩個門徒的心釋放了，並回到他們的羣體去，給眾人帶來盼望：「於是他們立刻起身，回耶路撒冷去，看見十一個使徒和與他們正在一起的人聚集在一處……兩個人把路上所遇到，和耶穌擘餅的時候怎麼被他們認出來的事，都述說了一遍」。

藉著讀聖經（神讀）、與基督同住（在禱告中與祂同在）、擘餅（聖餐）、記念耶穌（追憶；*anamnesis*），以辨明上帝的同在，帶來心裏的火熱經驗（「記憶上帝」或「記憶基督」）。在「往以馬忤斯的故事」中的上述四個環節，構成教會聖餐禮的內容——我們在聖禮中辨明或認出上帝的同在。每當我們在禮拜中來到聖餐桌前，都可以期待觸及「往以馬忤斯的故事」，它代表或記念當下現實。

在聖餐中我們與基督重為一體

論到「神讀」，此前我已提及。[3] 至於擘餅和記念基督，二者與明辨的關係，容我再作一點補充。在聖餐禮讚中，我們體悟復活基督在眾人裏確實同在——不僅在餅與杯中，也在我們生命的中心、在我們存有的核心、在我們羣體的中心、在受造物的中心。約翰．猶底斯神父在傑納西隱修院一次講道中說：

> 主確確實實臨在——卻是以一種安靜、微妙、低調、隱晦的方式。基督活在我們當中，是實體的同在，卻不像其他物質在人體中存在的方式。聖餐之精髓，在於一種屬靈上超越的實體同在。我們與基督重為一體（re-member Christ）時，另一個世界已存於眼下這一個世界中。

哲學家和基督教神學家常以「追憶」（*anamnesis*）一詞，探究我們追想（recall）、思憶（remember）基督時的實存：不以基督為歷史人物，而以基督為確實在此時此刻的一位。

> 「在我們的時空中，有一種『國中之國』（enclave）。」約翰．猶底斯神父說，「基督確然在此——但祂的實體同在，非由我們所認識的有限時空所定義。」

哲學家海德格（Martin Heidegger）用「緣在」（*Dasein*）一詞描述表象背後的實存：「在表象背後，有一實存，其與純粹物理上的存有，是有差別，並可以在感知上區分的。」[4] 我不想落入抽象概念中，只想申明一點：基督徒的盼望，寄託於一個現實，就是耶穌的靈與臨在，是超越時間的。我們相信復活的基督、耶穌的靈，在任何時空中，都是可以接觸的。[5]

明辨與神聖記憶

奧古斯丁以「記憶上帝」（*memoria Dei*）來表達一個觀念：上帝藉著人的神聖記憶（sacred memory）永遠與人類同在。按聖巴西流（Saint Basil）的說法，人對上帝的記憶是屬靈奧祕（*gnosis*），是存在心中關乎上帝的真知識。當我們「記念」上帝，就在自己心靈中接觸上帝的本質。因為從永遠到永遠，上帝都認識我們、以無條件的愛愛我們、將我們捧在手中精雕細琢。我們藉著屬靈操練，學習察驗上帝、等候上帝，**記念**上帝是愛，也記念自己是上帝所愛的。

早期教會教父的論述常提及「記憶上帝」，乃為強調上帝與全人類的同在。人能發現上帝，是因為在最深藏、最親密的自我中，能夠辨認上帝的映象（God's reflection）。因此，我們極盼與這映象本源，即我們憶起的那一位，全然復合。凡忠信者都切切渴望與上帝復合，上帝是生命與力量之源。[6]

還有一個基督教的獨有概念：「記憶基督」（*memoria Christi*），見於神聖歷史及忠信生命。上帝曾經成為人，就此進入歷史。基督的出生——並祂的死、復活、升天——曾經在某時某刻發生。我們可以用過去式談論耶穌——祂來過，祂活過，祂死過——也可以談論此時此刻對基督將臨（advent）

的記憶。在聖餐中我們禮讚「記憶基督」：記念祂的生平，也確認祂在我們當中的同在，「直等到他再來」。按照基督教理解，關乎上帝的知識和記憶，是賜予所有人、藉著洗禮領受的，又是基督的肢體聚集、擘餅時禮讚的。[7]

記憶這兩個概念——新柏拉圖主義的（哲學的）、基督教的（歷史的）——都值得深入探討，因為有助深入了解禱告和明辨。奧古斯丁的著作是很好的入手點，尤其是他的《懺悔錄》和有關三一的著述。

記憶的苦痛、力量、奧祕

與基督徒先賢一同閱讀、思考，有助我們擴闊對信心的觀念，鞏固對上帝的信靠，知道上帝的作為經常奧妙難測。然而在危機當中，許多人往往想不起上帝的作為，因為我們沉浸在追想念記與眼下經歷相關的過往苦痛。我們不斷又不斷重溫又重溫傷痛時刻。生命中不快的經歷記憶，可以帶來痛苦且有害的情緒。回憶過去的行為，會帶來**悔疚**——「悔疚」英文 remorse 字根 *mordere* 的意思是「咬」——就是一種咬著不放的感覺，這驅使我不停問：「我怎會做了那樣的事？怎會容許自己那樣？我真是笨蛋！我怎會讓那樣的事發生？」悔疚令我夜不成眠，惶惶不可終日，內心平安盡消。

記憶的苦痛

記憶的苦痛也可令人羞愧。**羞愧**令我介懷外在環境，對別人的惡評毫無招架之力。在羞愧中我會問：「別人會怎樣談論我？他們會怎樣想？我是否出醜了？他們會因為我所做的事，或因為我這個人恥笑我嗎？」

還有**自責**。自責令我醒覺自己傷害了人家。在自責中我會說：「我刺痛朋友了。我弄破那件珍貴東西了。我傷害別人了。」

懷著悔疚、羞愧、自責面對我的過去，會出現一個危險：我的心會變硬，不能辨明上帝在我裏裏外外的同在。心變硬，就是變得封閉、麻木、冷漠。心變硬，就是心中的悔疚化為病態內省、羞愧化為低落自尊、自責化為過度自辯。我若不斷想著自己及自己的動機、將自己與人比較、為自己的行為抗辯，只會變得愈來愈自我中心，上帝的愛在心中也愈來愈少。往以馬忤斯路上的一對門徒，幾乎錯過基督的同在，因為他們將心思只放在他們的失落上。他們和我們太相像了。心中若是充斥抗辯與沮喪，就很容易變得盲目，總覺得自己孤單可憐。

上述對痛苦記憶的三個反應，不僅令人不快，而且會攔阻甚或扼殺屬靈生命。若能重新省察基督的同在，就可醫治記憶的創傷。將心向上帝的同在敞開，讓情感被改變、讓記憶得醫治，是屬靈生命重要卻又艱巨的挑戰。然而，心中一旦懷著上帝形象的記憶，就可以將石心化做肉心，使它柔軟、敏鋭、開放、自由。

記念基督，可將悔疚化作痛悔，因為「上帝啊，憂傷痛悔的心，你必不輕看」（詩五十一17）；記念基督，可將羞愧化作同情，使我們能觸及與我們有相同掙扎的心靈；記念基督，可遏止自責淹沒我們，驅使我們領受饒恕。因此，關乎基督的記憶，是一種醫治，是對靈命有療效的記憶。在基督同在的光照下，藉著記念我的經歷與掙扎，我的過去獲得救贖，可以化作感恩與讚美。

記憶的力量

記憶雖然偶爾將痛苦的過去拉近至眼下，卻也令人萌生極大的渴慕，盼望可以重會記憶中人，讓破鏡重圓。記憶的能力，不僅在於讓我重溫過去，也在於在眼下及將來改變過去。

譬如說，我對不少已離世的朋友，感覺仍很親近。我記念他們，也懷著信心期待將來與他們重會。這些記憶令我渴慕與他們重聚，而且是以新的、面對面的方式。這是一種奧祕——昔日我所愛的人不在身邊，但我在眼下感覺到一種靈裏的親近，像在為我準備將來的重聚，而這重聚比過去或眼下的相聚更為深刻、豐富、圓滿。

我甚至可以這樣說：我必須記念昔日的人，才可以令將來的重聚得以圓滿。對他們的記憶，或多或少，是為再見他們而作的準備。記念已離世或不在身邊的祖父母、父母、兄弟姐妹、朋友，斷不僅僅是一些不能釋懷者濫情且偏執的行為，而是一種關係的延續——這關係依舊存在，而且等候達至圓滿。基督的靈讓我們知道：將來必有一種重聚，比過去或眼下的關係更為深博。

可否這樣說：記念已離世的朋友或家人，其實是一個機會，讓靈魂得以繼續進行一種靈性的契合，是他們在世時尚未完全達至的？可否這樣說：記憶使人在靈裏連結，這契合比肉身聯繫更為深刻？如果這說法成立，我們就必須承認：某人的肉身一方面揭示那人的真面目，另一方面又隱藏那人的真面目。他的肉身同時揭示，又隱藏我所渴望接觸的他那更深更真的本相。肉身缺席之際，正是屬靈的同在暢通無阻之時。這奧祕讓我對生死萌出全新的看法。生的極致，是竭力忠誠地與上帝、與人同在。死，不僅是離開，卻也是進入一種更親近的關係、更深邃的屬靈同在之中——這於在世時是不可能達至的。

記憶的奧祕

如果記念一個我所愛的已離世者，可以讓我在記憶中更接近他/她同在的屬靈實在或本質。那麼，對基督的記憶，同樣可以讓我更接近耶穌，甚至比耶穌在世上的肉身同在更讓我接近耶穌。耶穌的死——耶穌離我而去——讓我得以領受祂的靈，可以時刻與祂同在，並住在祂裏面。對基督的記憶，讓我可以與祂的靈契合，亦與祂的身體——就是教會——契合。保羅是惟一不曾在耶穌死而復活前常與耶穌一起的使徒，但他仍以極大的確據宣告：「我活著就是基督，我死了就有益處」（腓一 21）。

這洞見給耶穌的話帶來意義與能力：「我去是與你們有益的；我若不去，保惠師就不到你們這裏來」（約十六 7）。在記念耶穌時，我們領受耶穌的靈，與祂進入一種奧祕契合中；這種契合既深刻又親密，就算我們進入歷史、站到耶穌跟前，也是無可比擬的。

在每次聖餐中，上帝的子民都在宣告信心的奧祕：「基督死了，基督復活，基督會再來。」當我們**記念**基督，我們不僅重溫過去的事實，更在將來的事件中看見基督。當我們不再恐懼，我們就辨明了基督在此時此刻的同在。

記念：我們不孤單

讓我從聖經引用另一例子為本章作結，看我們怎樣在人生的失意與艱難中尋求上帝同在吧。記得福音書中耶穌門徒在加利利湖上的故事嗎（太十四 22～33）？某個晚上，門徒在船上遇見暴風，膽都嚇破了。耶穌在水面上走向他們，他們以為見鬼，驚上加驚。耶穌對他們說：「放心！是我，不要怕！」

彼得說：「主啊，如果是你，請叫我從水面上走到你那裏去。」耶穌說：「你來吧！」彼得就從船上下去，在水面上走，往耶穌那裏去；只因見風很強，害怕起來，將要沉下去，就喊著說：「主啊，救我！」耶穌立刻伸手拉住他，說：「你這小信的人哪，為甚麼疑惑呢？」他們一上船，風就停了。在船上的人都拜祂，說：「你真是上帝的兒子了。」

這是一個在此時此刻「出恐懼、入明辨」的故事，一個人人需要細聽的故事。太多事情在我們生活中湧現了：新方向、舊驚恐、患得患失、迷迷惘惘。許多時候，生命中充滿悲與喜、怕與愛、抱怨與感激，記掛著下週、下月、來年的景況。實在太多事情在腳底下發生，令我們懷疑自己究竟能否真的繼續在這些巨浪上行走。然而，耶穌就在此時此地與我們同在。彼得只要定睛在耶穌身上，就能繼續走在水面上。問題是小的、恐懼是受得起的，只要知道是誰在呼召我們。主望著我們，微笑著，向我們張開雙手，邀請我們走出小船：「來吧，不用害怕。」

我們留在船中，就不會成功；我們低頭看巨浪，就只會成仁。但我們實在毋須低頭俯視而葬身海底，因為耶穌呼召我們仰望站在暴風中的祂。祂此刻與我們同在；祂明天，後天，直到將來的將來，都會與我們同在。在一切風暴中，祂默然與我們同在；在一切疑惑與驚恐中，祂是我們安居之所；在一切惶惶不安中，祂是我們的家。既然祂向我們張開雙手，我們已在祂的**同在**中，為何還要擔憂呢？既然基督說過「我就常與你們同在，直到世界的末了」（太二十八20），我們為何還要掛慮將來呢？

主啊，求祢與我同走這路，進入我的內室，除去我的愚昧。開通我心思，讓我看見祢在我生命中時刻同在的奧祕，又賜我勇氣幫助他人發現祢在他們生命中的同在。阿們。

明辨的操練

1. 反思路加福音二十四章「往以馬忤斯路上」的故事。如果你有參加小組或祈禱伙伴，請開展討論，找出四個在人生路上可以經驗到上帝同在的方法。
2. 讀聖經。慢慢讀出「往以馬忤斯路上」的故事幾遍，讓上帝的聖言向你說話，讓你的注意力從頭腦轉到內心。你必須慢下來，細意聆聽上帝要藉著聖經向你說甚麼。
3. 擘餅（聖餐）。與你的屬靈朋友吃一頓簡單的晚餐，用心記念箇中吃喝、款待、基督的同在這三者如何互相聯繫。
4. 停留。「留」在當下。盡力不讓自己逃避苦痛或追想過去。在這個禮拜裏盡力讓自己的心思留在當下——你在當下並不孤單。

5. 記念基督。在這個主日守聖餐。你在自己的以馬忤斯之途中，是怎樣被邀，至終在餐桌上遇見基督？好好回想這一切。

9

記念你是誰：辨明身分

你不能告訴我我是誰，我也不能告訴你你是誰。若你也不知道你自己的身分，誰可以知道你的身分呢？

梅頓

我是誰？這是每個人一生中不斷探索的核心問題。為自己命名、一生不斷轉換角色、竭力按照自己相信的存在信念與價值生活，這都是終身的挑戰。我們是別人所説的那樣嗎？我們是誰，是我們所成就的、可以印在名片上或塑在銅像上的嗎？我是誰？我們是誰？

弟兄姊妹，我們身為基督徒，實在可以喜樂歡呼，因為我們像耶穌！耶穌在各方面與我們相像，只是不曾犯罪。希伯來書有云：

> 兒女既同有血肉之體，他也照樣親自成了血肉之體，特要藉著死敗壞那掌死權的，就是魔鬼，並要釋放那些一生因怕死而為奴僕的人。他並不救拔天使，乃是救拔亞伯拉罕的後裔。所以，他凡事該與他的弟兄相同，為要在上帝的事上成為慈悲忠信的大祭司，為百姓的罪獻上挽回祭。他自己既然被試探而受苦，就能搭救被試探的人。
>
> 來二 14～18

這話若是事實，而我相信它是事實，那麼，我們就和耶穌一樣，是上帝所愛的兒女，在這一點上，耶穌和我們沒有根本的差異；我們是上帝的兒女，正如耶穌是上帝的兒子。藉著耶穌，我們與祂「同作後嗣」，上帝教曉耶穌的一切，都與跟隨耶穌的人共享。兒子名分這說法（參羅八 15～17，九 4；《新漢語譯本》），並不代表我們不及「上帝的獨生子」耶穌重要；它要表明的，是我們已成為上帝的兒女，可以承受耶穌的所有基業，並分享上帝的生命。

我們不僅是我們

耶穌在地上的使命，就是引領我們進入祂的神聖生命。耶穌斷然不想我們的所知所行及不上祂的所知所行。我們蒙召效法祂，做祂所做的事。誠然，耶穌曾說：「我所做的事，信我的人也要做，並且要做比這更大的事……」（約十四

12）。耶穌願意我們全人投入祂的所在、我們最核心的身分根植於祂的身分、我們的靈命與祂的靈命互通互動，以致我們的人生就像祂的人生——全然在上帝裏面。

彼得後書告訴我們，上帝的大能已經賜給我們，因此我們能夠勝過死亡。藉著甚麼方法？——使我們「與上帝的性情有分」（彼後一 4）。換言之，我們不僅是我們了。我們享有人性，又享有神性，正如基督享有神性，又享有人性！約翰福音十章 30 至 34 節記述耶穌向當代的宗教領袖說的話，印證了這個真理：「我與父原為一」。宗教領袖指斥耶穌說了僭妄的話：「因為你是個人，反將自己當作上帝」。耶穌更火上澆油，自稱上帝的兒子。他引述詩篇八十二篇 6 節對他們說：「你們的律法上豈不是寫著『我曾說：你們是上帝，都是至高者的兒子』嗎？」[1]

我們是上帝所愛的

我的信仰之核心信念，是我們都是上帝所愛的兒女。聖父對聖子耶穌所說的話，也是對我們說的話：「你是我的愛子，我喜悅你」（路三 22）。

朋友，我希望你聽清楚：上帝向耶穌說的話，也是向你說的話。我知道這話不容易證實。你是上帝所愛的兒女，你能夠相信嗎？你能夠用心聽——不僅用耳朵聽在腦袋裏——以致整個人生可以天翻地覆嗎？你要聽聖經的話：「我已經以長存的愛愛你。在萬世以先，我已經將你的名字寫在我掌上。我在地的深處塑造你，在你母親腹中覆庇你、編織你。我愛你。我懷抱你。你屬於我，我屬於你，你我彼此相屬。」你必須聽清楚這個，因為，你若能夠聽到這個上帝從萬世以先向你說的話，你的人生會變得愈來愈像「上帝所愛的」之人生——因為這就是你的身分。

當你開始相信這個屬靈知識，它就會益發加增，足以改變你的日常生活。你仍然會遭遇拒絕、苦痛、失去，但你不再以失喪的人這身分經歷這一切，而是以「上帝所愛的」身分經歷它們。你以上帝兒女的身分，經歷你的痛與悲、成與敗。

這斷非易事。大多數人不斷忘記宣稱自己真正的身分。

宣稱自己為上帝所愛

在「黎明之家」出任司鐸後不久，我有一個很深刻的經歷，關乎為人祝福、讓人經驗為上帝所愛。那是一個祈禱會即將開始之時，一個名叫珍妮的成員問我：「亨利，你可以為我祝福嗎？」我下意識走向她，在她額上用拇指給她畫十字。「不，這不行，」她說：「我要真的祝福！」我立時醒覺自己的虧欠，說：「噢，對不起，等一下大家出席完祈禱會，我再好好為你祝福，可以嗎？」她笑著點頭。我知道我要做一件特別的事。

祈禱會後，我們約有三十人坐在地上。我說：「珍妮要求我好好為她祝福，她覺得她現在很需要這個。」珍妮站起，慢慢向我走來。我連忙站起，張開雙手迎向她。她走到我跟前，把頭倚在我懷裏。我雙手放在她肩上，長袍罩著她的身子。我望著她，說：「珍妮，我想你知道一件事：你是上帝所愛的女兒。你在上帝眼中很寶貴。你的笑容很美，你對家中各人很好，還有你所做的所有好事，讓大家看見你是個很美麗的人。我知道你近來心情不大好，你心中有憂愁，但我**希望你緊記你是誰**：你是一個很特別的人，上帝深深愛你，這裏所有人也深深愛你。」

我說這些話時，珍妮一直抬頭看我，然後露出笑容，說：「亨利，謝謝你。這個祝福比剛才那個好多了。」

我們為彼此所祝之福，其實表達一個從萬世以先已賜予我們的恩福。它是稱讚的極致、最大的肯定，確認我們在上帝裏面真正的身分。

事實是，上帝在我們出生前已經愛我們，在我們死後也仍舊愛我們。上帝在地的深處塑造我們。上帝在我們母腹中覆庇我們、編織我們。上帝將我們的名字銘刻在祂掌上。我們每根頭髮上帝都數過。上帝永遠擁抱我們。從永遠到永遠，我們都屬於上帝。的確，我們是上帝的女兒和兒子。我們是上帝所愛的子女，我們的核心身分，因著對上帝的記憶而得到保障。不論我們是否做過甚麼大事、證明過甚麼本事、奉獻過甚麼珍寶，上帝仍然無條件地愛我們。上帝的愛堅定、有力、積極，像父母對子女愛護有加，確認我們的價值，不論我們到哪裏去、做甚麼事。

我們首個，並最重要的屬靈任務，是宣稱上帝無條件地愛我們，要在對上帝的記憶中緊記我們的真正身分。不論我們是否感受得到，不論我們是否理解得到，我們心中總能夠擁有這屬靈知識——是心底的確據、是超越頭腦的——我們是上帝所愛的。

這不是容易作出的宣稱，因為社會告訴我們，惟獨成功、聞名、有能之士方配被愛。然而，上帝不需要我們成功、聞名、有能才來愛我們。只要我們辨明自己的身分，領受上帝無條件的愛，就能自由自在地活著，毋須受世界支配。我們可以饒恕傷害我們、令我們失望的人，毋須讓怨懟、嫉妒、惱恨進入心中。**宣稱自己為上帝所愛**的最美果子是喜樂，這喜樂驅使我們與人分享上帝無條件的愛。雖然乍聽有點奇怪，但我們確然可以為了別人，變得**與上帝相像**。

我們宣稱自己為上帝所愛的一刻，也同時面對一個呼召：要**成為我們之所是**。成為上帝所愛的、緊記自己是誰，這是人生最大的**恩福**！「祝福」的拉丁文 *benedicere*，意思是「言（*dictio*）恩（*bene*）」，就是「向對方說恩言」。我需要別人向我說恩言，我知道你也有這需要！我需要學習稱頌上帝在你我生命中所施行的作為——不是自吹自擂，而是懷著謙卑的心察驗上帝的作為。

為人祝福，是我們能夠給人最大的肯定。這不僅是表達欣賞，或是稱讚別人的恩賜或善行。為人祝福，是確認那人的核心身分，肯定那人為上帝所愛。宣稱自己為上帝所愛，對許多人來說不是易事。我們耳畔有不同的聲音，有聲音說我們不過是罪人，另有聲音說我們是上帝所愛的。我們蒙召要辨別諸靈，然後聽從內心那愛的聲音。[2]

回復真我

耶穌降世，為要賜我們屬靈生命（*zoe*）、新身分、真我。我們不再倚靠世界之鏡花水月，而是仗賴那永恆之愛——存於聖父聖子之間、慈父與愛子之間的愛——名為聖靈。我們就像一直在異域流浪，尋找人生的平安和目標，還有真正的自我。耶穌站在我們當中，呼喚我們歸家，我們因此可以回復真我。

我們成為上帝的兒女、耶穌的兄弟姊妹，又領受那以完全的愛結連聖父與聖子、創造主與救贖主的聖靈，就獲得屬靈知識，明白上帝的心，使我們認識自己的真我，並能夠用上帝的眼光看世界。

用上帝的眼光看世界，是甚麼意思？這是明辨之鑰——看得正確。福音書記載，都耶穌面對門徒及其他人的提問，許多時候都不會給予直接的答案（例如雅各、約翰的母親問耶穌，她兩個兒子能否在耶穌國中坐在祂兩旁。耶穌回答說：「我將要喝的杯，你們能喝嗎？」〔太二十20～23〕）。耶穌這樣做，不是因為受不了他們，而是因為他們根本問錯了問題。這些問題不存於上帝心中，卻屬於那些惶恐憂心的世人，他們不知道自己是誰。

我們益加認識自己屬上帝，亦與上帝的生命結連，也就益加了解上帝的心。我們益加貼近上帝的心，一些神經兮兮的問題——我該做甚麼？怎樣才可滿足我需要？——就會漸漸消散。然後我們站在那個神聖的位置，去聆聽自己的問題及看待自己的掙扎。在上帝裏，我們獲得新耳、新眼、新心，去辨明究竟發生甚麼事。從前那些盤踞心思的關注，如今失卻意義。曾經珍而重之的榮譽，此刻從上帝的觀點看，杳無蹤影。曾經令我們驚恐不已的，不再有威嚇力量；曾經驅使我們東奔西走的，也失去一切力量。相反，我們的存有充滿著深深的渴慕，就是盼待上帝的旨意行在地上，如同行在天上。

緊記你是誰

那關乎我們身分的真理，從頭腦逐步進到心坎了，但我們未必感到平安喜樂！人就是這樣：很容易棄絕真我某些部分，只承認那個理想中的我才是真我！容我提醒你：在失敗中，要緊記你我是上帝所愛的！就算傷害了人，仍要緊記你我是上帝所愛的，蒙召活出上帝的愛之長闊高深——即使在你我的傷痛或軟弱中。

沙漠教父和教母，還有基督教默觀大師經常提及一個現象：在獨處及默想時，我們心中那幽暗、受傷、仍須醫治的一面，會不斷索討注意，要求獲得與「理想中的我」相等位分。我們人人都有自欺傾向，掩耳盜鈴，偏看偏聽，只以自己偏愛的經驗為「真實經驗」，其餘一概置若罔聞。能夠細察一個完整的我，其實不僅是承認自己的陰暗面，更是改變理想中的自我（ego）——它不過是一個面譜，是給美化了的我的一部分。可以說，在靜修中，我們變得自由，可以坦然站在上帝面前，提升原本受限的自我觀測能力。

理想中的自我，通常是由自創的期許與夢想組成，關乎智力、事業、美貌、德行之類。然而，人生的奧祕，不僅在於我們有不想承認的陰暗面，也有一個人不為意的光明面，它比「理想中的我」更好！我們的真正身分，乃在上帝裏面才可尋獲。上帝按照祂自己的形象創造我們，我們承載著上帝的形象和聖靈。在我們內心的最深處，有上帝的啟示。

通常在安靜默想與反思中，我們發現一個事實：我們不僅是我們——我們明白自己真正的身分。我們慢慢學會在自己內心深處，看見那賜我們生命氣息的上帝的映象。在那裏，我們找回對上帝的**記憶**——祂愛我們，甚至在我們出生前、在我們懂得愛自己前、在我們嘗試證明自己配得被愛前，祂早已在愛我們了。事實是，我們不僅是我們，不僅是我們的思想或表達能力、不僅是我們的外貌、不僅是我們的性情與品格。今人過度依賴心理學（我本身也是個心理學家）的隱患，在於我們傾向相信其絕對權威。然而，心理學之強處在於能夠突破它所描述的性格特質，進而指向一個它所揭示的「人」。在任何診斷或精神健康問題背後，總有一個承載著上帝在其中的「人」。心理學可以提供有用詞彙去描述人格各部分，但我們需要神學提醒自己：人永不能夠由人格或失常狀況定義；我們由一樣更深更闊的事物所定義，這就是我們所論及的「心靈」意義之所在，也是「人之所以為人」及「似上帝」身分之所繫。

活出真正的身分

聲稱自己為上帝所愛，斷不是易事，卻是不折不扣的爭戰。在一個需索頻仍、威逼利誘的世界中度日，實在難以記得我們**在上帝裏面**的身分，更遑論在此時此地活出屬上帝的生命。我們的身分往往被世界的架構與精神重重包圍，令我們信從世界對我們身分的評價：富或貧、有能或無能、好或壞、情緒穩定或容易受傷。

對我來說，在法國與殘障人士的一次接觸經歷，成了我人生路上的啟蒙。記得初到那羣體時，我因飽受挫折、工作過勞而身心俱疲，實在需要安息。我發現那羣體的人不但不認識我，而且根本沒有能力或興趣品評我或我的成就，但卻以又大又真的愛心歡迎我。我眼前出現了一個新境界。他們對我毫無條件的接納，穿越了我的自我拒絕，讓我一睹世上有一種愛，是比我的自我拒絕更大的。我將這經驗稱為「起初的愛」，是上帝從永遠到永遠的愛。那些脆弱之人天天向我展示的愛，是按我本相來確認我的——我不過是一個疲憊不堪的教授、作家、神父，願意向人盡傾己愛。他們對我的確認，讓我逐漸從上帝的觀點來記起自己究竟是誰。

那一次離開法國不久，我去了烏克蘭一個退修會擔任講員，講論辨明身分的重要，關乎「聲稱自己是上帝所愛的兒女」及「向別人宣告他們是上帝所愛的兒女」。有一個年輕的烏克蘭人拿著金碧士（Thomas à Kempis）的名著《效法基督》來到我面前，指著書中一段，提到我們本是虛無，若要活出美好靈命，就必須時刻緊記自己的虛無，所以他對我那些關於人類的積極正面的觀點十分困惑。順著他思考的框架和參考標準，我向他解釋說，上帝「從天上察看祂僕人的謙卑」，又向我們啟示，我們和祂愛子耶穌一樣，都是祂所愛的，藉此將我們升至尊榮（greatness）。

我嘗試讓那年輕人知道，我們蒙召度日的起點，並非看自己為虛無——無用或邪惡；我們蒙召度日的起點，是我們重生之處，在這重生之處，我們可以宣告一個新的身分：上帝所揀選的兒女。那年輕人似懂非懂，總之覺得難以置信。我認為那年輕人殊非例外，許多基督徒也聽過一些教導，相信自己是不堪的人，不配得到上帝的愛。當然，事實是，我們永不能夠賺取上帝的愛，但這不等於我們要罔顧另一個事實：道成肉身，耶穌降世，為賜我們豐盛的生命。我們可以逐步進入這真理，而這也的確是一大奧祕，如此的愛，實在超越人一切想像。

那年輕人在《效法基督》這部奇書中讀到的，不過是我們身分的一面，就是我們需要上帝，並且不是我們做了甚麼致使上帝愛我們。我只盼望那年輕人能夠在他所屬宗派中得到啟迪——烏克蘭正教有極精博的默觀傳統，尤其是其對「神光」（Light of Mount Tabor）教義及默禱操練的強調。這宗派的優點，是在禮讚上帝恩典的同時，正視人的罪性。在這方面，西方基督徒要多向東正教弟兄姊妹學習。

在西方社會，人對罪性的意識已是所餘無幾。很多人自我感覺良好，不覺得需要上帝。不過，我覺得某些基督教宗派對人的敗壞又講得太多了。福音的重點是人的自由與尊嚴，多於人的被囚與敗壞。我們需要取得平衡的聖經價值觀，也要強調福音的大能：一些屬靈德行，諸如謙卑、忍耐、堅毅、順服，理應與自立、自由、宣講、宣教、權威等同獲肯定；那宣講天賦人權、神聖價值、人類尊嚴的福音，同時催促我們去爭取平等、房屋、醫療、教育等權利，為世人謀求公義與和平。

因此，我究竟是誰？你究竟是誰？你我都是上帝所愛的，身上既有上帝的形象，又有人性；可以帶來榮耀與良善，也可以帶來傷害與疏離。我們需要不斷聆聽這信息：我們為上帝所愛，耶穌引領我們成為上帝所愛的。耶穌甚至親自向我們示範怎樣聽上帝的話、説上帝的話、做上帝所差遣的事。耶穌説得再清楚不過：你的愛不應設限，正如天父的愛不設限（太五 43～48）。耶穌呼召我們，要全人一生與天父結連——或飲食，或休息，或禱告，或玩樂，或説話，或行事——以致我們一切思想、言語、行動，都能夠向世人顯明，我們活在上帝浩大的慈愛中，而這愛澤及萬民萬族。當我們明白一個奧祕：我們蒙上帝所愛，不因為我們做了甚麼，而是因為我們是誰——這身分是上帝告訴我們的；如此，我們就能定意愛人，像上帝愛我們一樣。當我們以上帝的愛去愛、按上帝心意服事，「要做甚麼？」和「要服事誰？」的答案就變得大不相同。那些我們有可能奉派前去的領域，隨著我們明白一個事實，會向我們大開中門——那個事實就是：向貧窮、受傷、患病的人宣告上帝的愛，是所有回應真理的行動之核心所在；並且，我們全都是上帝所愛的。

明辨的操練

1. 當你讀到盧雲説「耶穌和我們之間，沒有本質上的分別；我們是上帝的兒女，正如耶穌是上帝的兒子」，你即時的反應是甚麼？這是你向來所聽到的教導嗎？請寫下你的即時反應，然後思想你的反應如何幫助你辨明自己為上帝所愛。
2. 那個年輕的烏克蘭人相信：我們「若要活出美好靈命，就必須時刻緊記自己的虛無」。如果他與你交談，你會向他説甚麼？給他寫一封信，描述你怎樣理解上帝如何看你，並你的理解又怎樣影響你在世生活的態度。（如果你有小組，請與組員分享你的信，並討論你對上帝如何看你的理解怎樣影響你認識自己及你的召命。）

3. 盧雲描述珍妮要求他「好好為她祝福」。你有甚麼祝福語是渴望聽到的？如果你請求某人為你祝福，說幾句恩言，你希望那人說甚麼？你能夠接受那些祝福嗎？試試在你小組彼此開口祝福。嘗試敞開你心，細聽別人的話，切莫匆匆拒絕別人的恩言。

4. 在未來一週，用以下的話開始並結束一天：「我是上帝所愛的。」一週過後，請寫下你在第一天和第七天說上述這句話的感受。這些感受怎樣影響你辨明上帝在你生命中施行的醫治？

10

審時度勢：何時行動、何時等候、何時聽候帶領

凡事都有定期，天下萬務都有定時。

傳三1

我們怎樣知道何時該行動、何時該等候？怎會知道何時該帶領、而不是聽候帶領？明辨讓我們獲得屬靈洞見，卻也催促我們身體力行。我們的起點是尋找上帝的同在，聆聽書本、人言、日常生活徵兆，還要求索自己的召命；然而，在這一切之後，我們總會遇上一個時刻，一個必須作出抉擇、邁出腳步的時刻。

梅頓在他的著作《一個歉疚旁觀者的臆測》中寫道：

有時要行動，有時要「委身」，但斷不該全然投

> 入一個運動那錯綜複雜的細節。有時要單純，把握時機——當行動極具意義之際。不過有時（也）要聆聽，即使在積極行動之中。有時最好的行動就是等候——不知道下一步該怎樣走，也沒有動聽的答案。[1]

行動或不行動？等候或不等候？開口或緘默？這都可以是忠信表現。活在上帝的同在中，並信靠聖靈，有助我們在日常生活中辨明行動是否合宜。

行動有時

我在耶魯神學院任教的某年聖週（Holy Week；譯註：即每年復活節主日前一週），有個神學生小組邀請我參加一個守夜禱告會，地點為「電船」（Electric Boat），位於康涅狄格州格羅頓市（Groton）核潛艇船塢。其時，一艘攻擊型核潛艇正在建造中，軍方打算命名為「聖體」（*Corpus Christi*；直譯為「基督的身體」）！在聖週禮拜四，我們決定通宵聚會，預備在受難日（禮拜五）進行和平請願。這班勤奮、聰穎、信仰堅定的學生，其實每週一次聚集禱告已有多月，因此已漸凝聚為一個羣體，學會聽取上帝指引。他們一起讀經，談論大家的恐懼與擔憂，盡量準確地表達心底的信念。他們認為基督信仰既然宣揚上帝的愛，就不能接受軍方將一樣戰爭武器命名為「基督的身體」。

何等自相矛盾！基督的身體，乃是蒙召以愛造就眾人啊！這班學生終於決定公開表態，反對政府奉國家安全之名所作之事。他們有人覺得蒙召違法，慷慨被捕。其他人（包括我）對這想法有保留。然而人人都有同一信念與呼召：拒絕死亡，擁抱賜生命的上帝，以獨特而明確的方式表態，期望可以感召眾人。根據這班學生的明辨，是時候行動了。

受難日到了，我們在「電船」行政大樓外進行和平請願。我獲邀在格羅頓市街道上引領眾人以「拜苦路」[2]方式抗議核武器軍備競賽。我們懇切禱告、唱詩，也默站示威。我們在這環境中聆聽到的耶穌受難的故事，是我們在任何禮拜堂都聆聽不到的。我心底有一種覺醒：禱告不再是消極、發生在聖所中的宗教事情，而是積極，甚至危險的顛覆行為，要向世間建制本身發出挑戰。此外，許多我常在講壇上論及的主題及詞語，諸如死亡、復活、受苦、新生，突然有了新力量——迎頭痛擊死亡、呼天召喚生命的一種力量。[3]對我來說，這是人生轉折點。從這一刻開始，我每逢論及基督的平安，就不能不同時論及戰爭與制度暴力之惡。敬拜不再是忠信者私人的事情。以我的敬拜為例，它驅使我一步步進到飽受權貴逼迫的百姓面前。

多年後，我去到中美洲，親眼目睹民眾的深重苦難，那實在已是刻不容緩。我沉痛地發現一個事實：耶穌的道在十六世紀初由天主教傳教士帶進中美洲，業已被扭曲，有時甚至傷害並折磨那些蒙召見證聖道復和大能的人。在這個地方，基督徒將基督徒關進牢獄、基督徒虐待基督徒、基督徒殺害基督徒——成肉身的道，籠罩在深沉的黑暗中。[4]基督的身體肢離破碎，體無完膚。我只知道一事：基督眼見祂的肢體未能相愛，必定泣不成聲。

在尼加拉瓜、瓜地馬拉、祕魯見識了種種悲慘的政治、經濟、軍事、宗教衝突——許多涉及教會與政府，我不得不修正自己的屬靈使命與定位，變得更進取。我回到北美，積極參與一個「締造和平之旅」，務要喚起民眾關注那些奉基督與民主之名犯下的不公不義之事，並見證上帝呼召我們在靈性及政治上身體力行。[5]我不能只在嘴邊掛著愛，卻坐視政府及宗教領袖對赤貧者置諸不理。我剛從中美洲歸來，懷著一個令會眾，以至我自己大吃一驚的信息：「美國政府以至——間接地——美國人民在中美洲的所作所為，是不義、非法、邪惡的！」我覺得上帝要我向教會及大學的人大聲疾呼：「不義，因為我們干預那些對我們毫無威脅的國家之內政；非法，因為我們違反每一條防止干預他國自主的國際法；邪惡，因為我們給無辜人民帶來毀壞、虐待、死亡。我們宣告『基督已經復活』，表明我們這羣體，是復和的羣體，不是分裂的個體，是醫治不是傷害，是饒恕不是報復，是愛不是恨，是生不是死。」

當行動的時候到了，我們必須懷著悔改與感恩的心邁開大步。昔日我參加反對「基督的身體」核潛艇示威，或是提醒我的北美朋友南美赤貧狀況，指出我們北美的安舒往往是南美赤貧者勞動的成果，很多人問我：為何要透過社會行動爭取民權呢？為何不是藉著禱告求上帝施恩改變呢？我開始明白自己的召命，乃是為無聲者發聲，讓他們獲得盼望，也讓壓迫者有機會改弦易轍。按照明辨行事，不一定可以令所有人支持我們行動，但可以引發改變——關乎我們自己的生命，還有我們身處的社會。

我們為何要參與和平行動？為了發現自己心中的暴力源

頭。為何要參與扶貧行動？為了揭露自己的貪婪。由此看來，一切利他行動，其實可以是悔改行動，令我們與別人站在同一陣線，進而建立復和的基礎。事實上，行事的是上帝，但我們悔改，會加快上帝行事的速度——顯而易見的是，我們行動，是基督再來的一部分；這是一個奧祕——新天新地的到來，與我們密切相關。

不過行動不僅與悔改相關，更與感恩相關。行動是感恩的回應，源於我們對上帝存於世間的覺醒。耶穌整個事奉，是對天父一大感恩行動。我們蒙召，是為投身與耶穌相同的事奉。我有一個覺醒：隨著愈來愈多向窮人宣告上帝的愛、愈來愈多將召命投放在殘障者身上，我也愈來愈走在一條眾多先賢踏遍的路徑上。使徒彼得與保羅，風塵僕僕，彷彿有用不完的精力；大德蘭不斷興辦修院，似乎永不言倦；馬丁·路德·金一生演講、策劃、組織，熱火燃燒不息；加爾各答的德蘭修女矢志照料窮人中的窮人，無畏無懼，加快主再來。這些人的大無畏行動有個特點：決非出於勉強，而是經驗上帝在他們生命中積極同在的自然流露。同樣，我們行動，也可以是感恩的自然流露。

等候有時

昔日在耶魯任教，決定示威反對「基督的身體」時，我確定那是必須行動的時候。我不能禁口，也不能站定。然而，許多時候我不能確定上帝的引導。在欠缺明確指示的環境中，就必須等候。積極等候是屬靈生命之必需。對我們這奔碌生活、凡事求快的文化來說，等候不是受歡迎的樂事，不是人人熱切期望或甘之如飴的經驗。事實上，大多數人認為等候是浪費時間的同義詞。也許今日文化之精義就是：「別停下來！找事做！讓大家看見你有改天換地的本事！別只曉得坐著等候！」但等候的弔詭在於你必須全心留意此時此刻，對未來懷著期望，同時懂得忍耐——在等候中學習忍耐。

論到跟從主耶穌，先賢有太多美好腳蹤給我們效法。耶穌門徒的等候，斷不是白白等候，而是等候藏於自己心底的應許，藉著等候讓那應許實現。事實上，基督徒對「等候」不應感到陌生，因為教會年曆就是一連串等候的時刻：將臨期，我們等候耶穌降生；主顯日，我們記念耶穌向世人顯現，並在各人心中顯現。大齋期，我們在荒漠獨處中等候新生彰顯；復活節過後，我們等候聖靈在五旬節降臨。耶穌復活升天後，我們等候祂再來。我們總在等候，卻也總是懷著信心，因為我們已經在耶穌裏聽到上帝的應許、看到上帝的腳蹤。

我們既然在等候上帝的應許實現，就能聚精會神於所行之路，從而緊盯耶穌，活在上帝所賜之此時此刻中。就算我們著眼於辨明前路，仍能蒙召專心禱告、靜處、活在羣體中、隨時服事所遇見的人。立志與耶穌同行，可讓我們時刻活在當下。這種等候與擔憂未來截然相反，這是盡然享受上帝的**同在**，因為知道「這是耶和華所定的日子，我們在其中要高興歡喜」（詩一一八24）。

等候應許，就是留心此刻發生在眼前的事，從中看到上帝榮耀的曙光。

詩篇滿載這種等候：「我等候耶和華，我的心等候；我也仰望他的話。我的心等候主，勝於守夜的，等候天亮，勝於守夜的，等候天亮。以色列啊，你當仰望耶和華！因他有慈愛，有豐盛的救恩」（詩一三〇 5～7）。

福音書也滿載等候的故事。在路加福音關乎耶穌出生的故事中，有五個懷著期許的等候者：撒迦利亞、伊利莎白、馬利亞、西面、亞拿，他們除了蒙上帝所愛，也是以色列守候者的象徵。他們能夠等候應許實現，同時留心上帝的話，且懷著盼望。

撒迦利亞持守一個應許，在上帝的殿中等候：「撒迦利亞，你的妻子伊利莎白要給你生一個兒子。」耶穌的母親馬利亞，聽信天使的話：「你要懷孕生子。」她就去找伊利莎白，繼續反思她所聽到的事。西面是聖殿祭司，大半生等候遇見彌賽亞；他不斷等候，深信自己未死以前，必看見主所立的基督（路一 13、31，二 26）。那些願意等候上帝的以色列餘民，心中懷著應許，這應許賜予他們勇氣，讓他們熱切等候。撒迦利亞、伊利莎白、馬利亞、西面、亞拿，他們活在當下，專心聽從那個聲音：「不要怕，會有事情發生在你身上，要留神。」

馬利亞尤其有耐性，在等候中也分外留神。她對天使說：「情願照你的話成就在我身上」（路一 38）。她的順服等候，是默觀式禱告的典範，領人進入「時候滿了」（the fullness of time；編按：參本書頁 152、153、162）中。「馬利亞卻把這一切的事存在心裏，反覆思想」（路二 19）。

耐心等候

應該怎樣等候應許實現？要**耐心**等候。可是耐心不等於消極。耐心等候，不像等候公車到站、天雨停止，或太陽升起。耐心等候是積極等候，等候者全然活在當下——為了尋覓我們等候對象的徵兆。

等候者，必有耐心。耐心的英文 patience 源於拉丁文 *patior*，意思是「受苦」。耐心等候，就是在此時此刻受盡熬煉，因為相信時候到了，那隱藏的會顯現。我們若知道自己是上帝所愛的，而且可以活在愛中，一切忍耐就成了「**共同忍耐**」——就是與受苦的上帝一起受苦——因此苦難與憐憫可以萌發新生命。「你們將要痛哭……你們將要憂愁，然而你們的憂愁要變成喜樂」（約十六 20）。這種「共同忍耐」不僅是時間「序列」，也是「時候滿了」之體驗——在這圓滿中，喜樂與哀愁、豐足與空無、同在與消失，甚至生與死的分隔，統統除掉了。

希臘文 *hypomone*（可譯為「耐心、韌力、忍耐、堅忍」）有「活在當下」的含義（路八 8、15，二十一 16～19），指的是積極投入生命之厚重（the thick of life）。人若是不耐煩，所經驗的當下就是空無的，人只想逃避它。今日商業文化精於利用我們的不耐煩，引誘我們追尋「原裝正貨」，但它總在別的時空，不能企及。

不耐煩的生活，是按鐘表時間鋪排的生活，是冷漠的、客觀的，不容許即興或喜慶存在。有耐性的生活，是活在「時候滿了」中，知道真實的生命事件都發生在這圓滿中。而上帝在世間顯現這件大事，也在「時候滿了」中被發現（可一 15；參《新漢語譯本》）。

耐心——積極投入此時此刻——是期望之母。所謂「懷著期望，耐心等候」，也可稱為「於愛我們的上帝面前，赤露敞開」。這是一切禱告的精義。有一個想法對我幫助很大：在我禱告時，我是在上帝跟前活出我的生命、做我能做之事、向至聖者獻上我的思想與行動，期望蒙祂帶領，去我要去的地方，又獲賜予勇氣，去做我要做的事——因為我認識自己在上帝裏面的身分。

積極等候，就是放心迎向尚未實現的應許。耐心等候，就是全然停駐在當下。懷著期望等候，就是相信這漫長歷程會有果子結出。正如當代思想家西蒙娜．韋伊（Simone Weil）說：「懷著期望，耐心等候，是屬靈生命的根基。」[6]

被引領有時

行動有時，等候有時，被引領有時。我們年輕時都愛行動，將一切掌握手中；到我們年紀漸大、靈命漸趨成熟，就會學習等候，在禱告中張開雙手，讓自己被引領去「我們不願意去的地方」（約二十一 18）。我們終於認識「聖靈的自由」是甚麼，這自由引領我們進入新生命，即使我們惟一看見的徵兆是十字架。

我在哈佛教書時，獲邀去探訪一個重病的朋友。他是個男的，五十三歲，一生充滿活力、創意，貢獻良多、忠誠可靠。他是社運分子，關注社羣福祉，尤其照顧窮人。他在五十歲時發現自己患癌，三年下來，身體益發孱弱。

我跑去看他，他對我說：「亨利，如今我臥病在牀，對生病的事，卻仍是茫無頭緒。」他解釋說，他對自己的看法與想法，從來只關乎行動，就是他為別人做了甚麼。但如今他的生命失去價值了，因為他已經不能為人做甚麼，甚至不能為自己做甚麼。「求求你，幫我以新眼光看這新處境吧，」他說，「求求你，幫我明白這背後的意義——現在這一大羣人在我身上所做的事，我竟然無權過問！」

交談之間，我發現他不斷想知道的是：「我還可以做甚麼事？」似乎我這朋友對自己價值的看法，僅僅關乎他所做的事。他沮喪不已，因為患了癌症，身體不斷轉壞。他已離死不遠。我還可以對他說甚麼呢？

我和他交談、禱告後，一起讀了一本很有力的書，書名是《等候的重要》（*The Stature of Waiting*），作者是雲斯東（W. H. Vanstone）。書中論到耶穌在客西馬尼園的煎熬，還有踏上十字架的苦痛。我朋友和我都因這本書加深對「從行動到受苦」的理解。我們大多數人都抗拒這種等候，我們的文化更對這種等候予以否定，但這正是屬靈生命的現實。我們獲賜生命，是為回應上帝的愛；但我們在世之日，受苦難免，上帝呼召我們毋忘憐憫——就是與人「一同受苦」（譯註：「憐憫」譯自英文 compassion，若拆為 com〔一同〕與 passion〔受苦〕，加起來便是「一同受苦」之意）。在愁煩或受苦中等候的日子是極難熬的——卻也可以是人生中極富饒的時刻。我們愈踏進自己及別人的痛苦，就愈向耶穌的道路邁進——雖然很多時候我們踏進苦痛，是身不由己、「被交給」人或事的。

從行動到受苦

耶穌被捕這故事的主題，是「被交給」（being handed

over）。在客西馬尼園，耶穌被交給羅馬政權。有聖經譯本將「被交給」譯作「被出賣」，但希臘原文說的是耶穌經猶大「被交給」捉拿祂的人（參可十四10）。「被交給」不但關乎猶大，也關乎上帝。「耶穌為我們的過犯被交去處死」（羅四25；《聖經新譯本》）；「上帝連自己的兒子也不顧惜，為我們眾人把他交了出來」（羅八32；《新漢語譯本》）。所以說，在屬靈行動中，「被交給」是「從行動到受苦」重要的一步。

「被交給」這個戲劇性意象，將耶穌生平斷然切割為兩部分。第一部分滿載耶穌的行動與主動：耶穌說話，耶穌傳道，耶穌醫治，耶穌行遊。但在祂「被交給」後，馬上成為各樣事的承受者：耶穌被捕；耶穌被解到大祭司面前；耶穌被解到彼拉多面前；耶穌被套上荊棘冠冕；耶穌被釘在十字架上。耶穌對做在祂身上的事，全然放棄支配。

這是**受苦**精義之所在——承受別人行動的結果。我們必須明白，耶穌說「成了」（約十九30）之時，意思不僅是「我做完所有我想做的事了」，其實也是「為了實現我的召命，所有必須做在我身上的事，我已經任讓它發生了」。耶穌實現召命之道，不但在於行動，也在於受苦。

在文化洪流中，人人都想掌握一切。我們的自尊，大體上建基於我們的能力——維持主導、採取主動、為人生定方向。我們以「活躍人生」為「豐盛人生」的徵象（「對啊，他仍然非常活躍」）。然而，事實是，我們對自己人生所能掌握的其實微不足道。大多數事情都不過是發生在我們身上，我們根本無從決定（例如膚色、國籍、社會階層、家庭背景、教育機會等）。人人的終局都是死亡。人生中某些時候，我們比較可以隱藏自己的無能為力，但大多數時候，我們根本沒有選擇，只能任讓人或事或環境決定我們人生的方向。論到召命，擺在我們面前的挑戰，是視「受苦」與「行動」無分軒輊。你怎樣蒙召跟隨耶穌腳蹤走上十字架？又怎樣蒙召跟隨耶穌腳蹤走進新生命？兩者都是跟隨耶穌，無論是生是死。

我在五旬之年加入「黎明之家」，方才發現一個幻象：以為自己掌握一切。這羣體有許多成員對所吃、所穿、所做之事、所到之處，都幾乎沒有決定權。我在這羣體久了，開始反思自己的生命，發現我所想、所說、所為，對我的人生也幾乎左右不了甚麼。我的自然反應是呼天抗議，寧可人生盡是行動，而且由我主使——我才是自己命運的主宰！但事實是，我人生的重點，是我為愛所受的苦，而不是我的行動。若我看不到這事實，就落入自我欺哄中；若我不甘心為愛受苦，就落入自我棄絕中。我益發明白了：我們實現召命，不僅在於行動，也在於受苦。

受苦是一種等候——等候別人行動。一切行動終局都是受苦。愛一個人，就是讓他有能力、有自由將我交至受苦境地，無論有意無意。我們被交出了，就等候事情發生在我們身上。時候到了，我們就拋開自己所願所求，等候別人行動，等候上帝解救。總之我們放棄掌控我們的未來，任讓上帝規劃我們的生命。

上述對耶穌受苦的反思，對我那位身患癌症的朋友大有啟發：他明白自己在許多勞苦之後，還必須學習等候。他明白自己的召命不僅在於行動，也在於受苦。我和他開始體會一事：在等候中，新的盼望、平安，甚至喜樂，會逐漸冒現。

從帶領到聽候帶領

在學術圈待了近二十年，我開始感受到一種不安——我視之為我召命的新呼喚，輾轉導致我加入「黎明之家」。當時我年屆五旬，已過了中年的中點，迎面而來的是一個簡單直接的疑問：年紀大了，我與耶穌是否親近了？

可以說，我深信自己年紀愈大，心智愈成熟，應該愈能站在領導位置。事實上我也愈來愈有自信。我覺得我擁有一些知識，也能夠向眾人表達清楚。就此而言，我覺得益發能夠掌握一切。然而，我同時發現自己的禱告很糟糕，不食人間煙火，經常被緊急事務佔據心頭。人人說我相當成功，但我從心底覺得，我的成就正在危害我的靈魂！在這困厄中我不斷禱告說：「主啊，求祢讓我知道祢想我去哪裏，我必定跟隨祢——但請祢說清楚，一點不要含糊！」嘿，上帝說得很清楚，只是我花了許多時間去辨明：我要住在靈裏貧窮人中間，為他們得醫治，也為我自己得醫治。

我從哈佛到方舟團體——從等著管治世界的「最優秀最聰明」一族，到我們社會不聞不問的男男女女中間——感覺自己從「帶領」踏進「聽候帶領」的領域。我當了二十五年神父，向來自由自在，可以去我想去之地，做我想做之事；如今停駐在一種既卑微又隱蔽的生活中，終日與殘障者為伍，他們身體與智力俱殘，必須依循嚴謹的作息秩序。

加入這羣體後，我的「特立獨行」馬上備受衝擊。我發現每月、每日、每時都是出人意表的，而我全沒有心理準備。譬如說，這羣體的一個核心成員，同時也是我的朋友比爾（Bill），他聽我講道時，只要覺得有甚麼同意或不同意的，斷不會等到聚會後才告訴我，他會馬上開口示意，就在聚會當中！合乎邏輯的講論，未必得到合乎邏輯的回應；即時感受與激烈情緒，取代美麗詞藻及有力論據。原來我不曾察覺的是，這些與我同住的人，其實提醒我一個事實：我的領導依然建基於我的渴望，就是渴望控制一切：複雜情況、混雜情緒、焦慮心思。要到好一段日子後，我才能夠在這莫測氛圍中稍感心安。方舟團體是上帝醫治我枯竭的藥方，也讓我開始窺探一個奧祕：召命與領導；大體而言，就是被帶領進入關係的實況與愛的挑戰中。[7]

要認識上帝的旨意，就必須聆聽祂的聲音，遵行祂的呼召，任由祂帶領，無論何往必去——就算我不喜歡那地方，就算那地方談不上安舒或滿足，就算那不是我選擇的地方。

耶穌因受苦學會順從（來五 7～9）。換言之，祂的痛苦與掙扎，使祂更能夠聽得準上帝的聲音。在受苦中，也藉著受苦，耶穌明白了上帝的心，回應上帝的呼召。對我來說，踏進窮人的苦痛，是學習順從的途徑，而順從，就是懂得聆聽上帝。接受苦難、憑愛與人同擔苦難，能夠打破我的自私堡壘，釋放我去領受上帝的引領。

耶穌給彼得的挑戰

耶穌復活後與彼得會面的經歷，是我不斷反思的故事。耶穌三次差遣彼得「你餵養我的羊」後，說：

> 我實實在在地告訴你，你年少的時候，自己束上帶子，隨意往來；但年老的時候，你要伸出手來，別人要把你束

上，帶你到不願意去的地方。

約二十一 18

耶穌對彼得說的一番話，觸及基督信仰「順從」的核心概念，啟迪我們向權力撒手，轉向追隨耶穌的謙卑之道。世界說：「你年輕時，還沒能夠自立，不能去你想去的地方；到你年紀大了，就能夠自己決定自己要走的路，掌控自己的命運。」然而耶穌對「長大成人」有不同的看法：所謂成熟，是能夠且願意，被帶到不願意去的地方。

從哈佛到方舟團體的經歷，讓我醒悟自己向來多麼渴望有用、有名、有權。但事實是，那許多都不是召命，而是試探。耶穌問：「你愛我嗎？」耶穌差遣我們做牧者，祂應許我們的生命，是要學習伸出手來，被帶到不願意去的地方。祂吩咐我們撇下「有用無用」的關注，投入禱告的生命；撇下「有名無名」的憂慮，投入羣體與彼此服事；撇下「有權無權」的領導模式，投入清楚辨明上帝指示的領導模式。

我的召命與彼得的召命相若，就是被領到耶穌要我去的地方「餵養〔祂的〕羊」，既然如此，我就必須願意為他們捨命（參約十 11）。在某些情況下，這的確需要牧者犧牲性命，但捨命的首要意義，是獻出自己的生命——悲與喜、沮喪與盼望、孤單與親密——向眾人敞開自己，成為新生命的泉源。我們能夠獻給別人的一份重要禮物，就是我們自己，尤其在別人的危機中，我們勉力予人恩言與安慰，說：「不要怕，我知道你經歷的是甚麼，此刻我與你一起經歷。你不孤單。」我們是效法基督作牧者。

彼得所面臨的挑戰提醒我們：如果我們要追隨耶穌的腳蹤，那麼我們就必須選擇耶穌「從行動到受苦」的道路。我們必須像彼得一樣甘心「被交給」人，才可實現我們的召命。

隨著年紀漸大，靈命漸長，我們可能被交給人——伸出手來，被人束上，被帶到不願意去的地方。發生在彼得身上的事，也會發生在我們身上。苦難等候我們。順從實在不易。我們在軟弱中會懷疑自己是否選錯路。然而，不要為前路上突然出現的痛苦而驚訝；反要為那從順從而來的喜樂而驚訝；為從苦難深處不斷湧流出的醫治大能而驚訝；為荒漠中綻放的一朵美麗小花而驚訝。

我朋友尚·路易（Jean Louis）就是個例子。他曾在加爾各答的方舟團體住過，也曾在德蘭修女的修會服事。他說：「我回到家裏，心被恩感，滿有力量，熱切期待回到工作崗位。幾天後，突然發生了一件事——筆墨難以形容——不是文化衝擊，不是看了甚麼的頓悟，不是回到昔日崗位的震盪，而是深刻得多的東西……我突然覺悟一事：我在加爾各答看見了上帝，我因此不再一樣了。我覺得上帝向我發出邀請：要降服，要放手，要全然信靠，要被愛重新塑造。」

尚·路易努力思索怎樣描述被帶領的經歷，我聽著他的話，早已按捺不住，為他喜極而泣。我所喜的，是他的「舊人」——那個整天在計劃、組織、掌控、做事、計劃未來的「他」，正在漸漸死去；而他的「新人」——那個全然任讓全能陶匠塑造的「他」，正在漸漸生出。我有點嫉妒他。我也渴想像他一樣，樂意向聖靈敞開心懷，任讓聖靈帶領前路——無論如何，我在那一刻心中充滿感恩，因為見到朋友大大蒙福。

神學反思的操練

我朋友學會向聖靈敞開心懷，樂意按祂的帶領度日，不再需要掌控自己的未來。他學會降服在上帝的作為下。既然如此，「伸出手來，任由帶領」的生活，需要怎樣的屬靈操練？我朋友學習順服之道，是與赤貧者同住，並以上帝召命的亮光省察自己的生命。我認為深切的神學反思，有助我們準確辨明被帶領的地方在哪裏。真正的神學反思，在乎以「基督的心」思想（林前二16），就是以耶穌的心省思日常生活的憂與喜，提高自己的醒覺，好能察驗上帝溫柔的引領。這操練是難的，因為上帝的同在往往是隱藏的，必須用心發掘。

論到基督徒領袖培訓的前景，我確信必須以神學為嚮導。因此，神學院及基督信仰羣體必須作出改變，必須設立一些團體，訓練信徒辨明時代徵兆——我們需要的不僅是頭腦知識，更是有深度、關乎全人（身、心、靈）的靈性塑造。何謂「基督的心」？就是「不以自己與上帝同等為強奪的；反倒虛己，取了奴僕的形像」（腓二6～8）。可歎今日大多數神學院的訓練重點，不是這方面的塑造。我想，二十一世紀教會盼望之所依，乃在上述靈性塑造的需求與成效。這是最古老、最傳統的基督徒領袖觀，卻歷久常新，在未來的日子，仍在等候它的實現。

總言之，僕人領袖必須能夠作出神學反思，認識上帝的心，藉著禱告、閱讀、慎思明辨，在看似紛亂無序的時局與世事中，顯明上帝的拯救大工。僕人領袖懂得奉靠耶穌之名思想、講話、行動，能夠時時刻刻辨明上帝在歷史中的作為，講解關乎個人、社羣、國家、國際的大大小小事件是怎樣引領我們到十字架前，並且通過十字架步向復活。

昔日耶穌在時候滿了時來臨，祂將會在時候滿了時再來。基督來的時刻，就是時候滿了的時刻。我們的屬靈任務，是「把握時機」——「時機」就是上帝在此時此地實現旨意的合宜時刻。

福音書所載的每件大事，都在時候滿了時發生：「伊利莎白的產**期到了**，生了一個兒子」（路一 57）。「**時候滿了**，上帝的國近了」（可一 15）。「等到**時候滿了**，上帝就差遣他的兒子，為女人所生」（加四 4）。「當所安排的時候滿了，〔上帝〕就使天上的、地上的、一切所有的，都同歸於基督，以他為首」（弗一 10）。（編按：經文參《新漢語譯本》）

在時候滿了的時刻，我們與上帝相遇，得知我們蒙召要成為甚麼人、做甚麼事。

明辨的操練

1. 「上帝的時間」是有上帝同在的豐盛時刻，「鐘表時間」不過是可預見的未來時刻。「按照上帝的時間行動」，這說法對你有何意義？你覺得這概念是易是難？你有「在時候滿了的時刻行動」的經驗嗎？試描述之。
2. 作者在本章提到「耐心等候、被交給人或事——被帶領到不願意去的地方、願意受苦、接受人生患難……」，這都是靈命成熟一部分，這說法符合你的經驗嗎？請與你的小組成員分享一個實例。
3. 盧雲的朋友從加爾各答歸來，說：「我覺得上帝向我發出邀請：要降服，要放手，要全然信靠，要被愛重新塑造。」你相信受苦及與軟弱者同住是上帝邀請你降服嗎？這樣受苦是浪漫化的想法，還是現實？

4. 你怎樣蒙召追隨耶穌走向十字架？你怎樣蒙召追隨基督邁向新生？試描述作門徒的這兩個面向。此外，它們如何在你人生路上交匯？

5. 本書起首就「明辨」下定義：「明辨，就是忠信地生活和聆聽，肯定並確認上帝的愛與引導，會以獨一無二的方式彰顯，好讓我們認識上帝的旨意，從而實現個人召命和羣體使命。」你怎樣學習到忠信地生活和聆聽，以致更能辨明上帝在你生命中的作為？請列舉幾個具體方式，以繼續辨明你的召命與方向。

跋
辨明「隱藏的整全」

我是多倫多「黎明之家」的一分子。「黎明之家」隸屬方舟團體，乃是一個國際組織，矢志按照「山上寶訓」精神，建立一個同工與身體殘障及智障人士同住共處的羣體。它在一九六四年由加拿大人范尼雲及法國道明會的多默神父創立。第一個羣體位於法國小鎮特羅斯利。雖然首批成員屬天主教，但很快有新羣體成立，除了天主教徒及猶太教徒，還有新教徒加入，分享他們的生命與事奉。其後方舟獲准在印度開辦，有穆斯林及印度教徒加入為成員。時至今日，方舟已是跨宗教團體，廣義而言，致力辨明梅頓所描述的，在明顯差異背後的「深度合一」（deep ecumenism）及「隱藏的整全」（hidden wholeness）。

在眾人中間認出基督的實存與同在，是一個持續不斷的明辨過程，每個成員的參與各有不同。我身為方舟駐院司鐸與牧者，對我來說，上述經驗與參與，可以用教會一個常用的詞語去形容：「聖徒相通」。

我也體會過上帝如何藉著窮人向我說話，他們讓我學會「是甚麼人？」(being)比「做甚麼事？」(doing)更重要；心比思想更重要；一起做事比單獨做事更重要。明辨，就是明白上帝不會受制於我們的觀念——誰屬祂誰不屬祂、誰對誰錯。聖經說得好，「我們生活、動作、存留，都在乎他〔上帝〕」(徒十七28)。明辨的奧祕，在於「深淵與深淵響應」，心與心交談。

在內心深處領受了「基督的心」者，能夠在所有人、所有事之中，辨明基督的同在。耶穌的心和我們的心交匯之所在，就是基督身體「隱藏的整全」之所在。它不是未來才可達成的實在，而是此時此地已經存在的恩賜——雖然仍未全然得見，但我們用信心的眼睛，可以漸漸辨明這已經存在的合一，彰顯於我們這些信仰羣體中。

不同宗教的善心人，只要存合一的心結聚，認真聆聽對方，一起祈禱默想、交流經籍、分享信仰、彼此欣賞，「整全」就會以極具體的方式出現。乍看之下，不同宗教的人，以至不同宗派的基督徒要一起參與聖餐聚會，是不能想像的。但在這背後有更深刻的實在，就是關乎聖言與聖禮的禮讚，正繫於那「整全」，終有一天，它會以更明顯的方式呈現。

我深信在這裏正萌生一件新事，在未來的日子，它將要改變禮拜堂與信仰羣體的面貌。「整全」的恩賜，已經藉著窮人的生命活畫在我們眼前。有窮人的地方，就可以發現基督。

正如泰澤（Taizé）聖詠有云：「何處有仁愛，何處有神在！」（*Ubi caritas, et amor, ubi caritas Deus ibi est!*）

藉著我們對窮人的共同關注，許多在教義、禮儀、靈修上看似風馬牛不相及的人，可以同心同德，同住同工，彼此合一；大家能夠放下歧見，輕看分隔彼此的藩籬。我們給教會的好消息是：只要專注在窮人身上，就能夠找到基督身體的「整全」。

實際問題還是有的：怎樣體現共同生活，成為以上帝為本、以愛驅動的信仰羣體？怎樣廣納萬民，又能以禱告敬拜表達自己獨特的信仰？怎樣真誠持守合一，真心面對彼此的差異與分歧？我愈來愈體會一個事實：人人都有屬靈渴望與需求，人人都在追尋更深的意義與目標，人人都是上帝所愛的兒女。

我認為我們的羣體正恪守幾個簡單原則，用作保守靈裏合一：（1）我們認定上帝與窮人同在，並以此為敬拜核心；（2）我們確信每個信仰傳統的獨特與差異；（3）我們定時聚集禱告默想；（4）我們以各種方式禮讚聖言與聖禮；（5）我們以尋常方式在日常中活出屬靈生命。上述是我們邁向合一、辨明上帝同在之道。成功的關鍵在於看自己為上帝的僕人，也是眾人的僕人。「我是你的僕人，求你賜我悟性，得以認識你的法度」（詩一一九 125）。

附錄一

飲於自己之井：明辨與釋放

盧雲

「人人必須飲於自己之井。」這是聖伯爾納鐸（Saint Bernard of Clairvaux）的灼見。然而，沒有人是獨飲的，我們都曾飲於非己所挖之井，享用過不全屬自己之水。

解放神學之父古鐵雷斯（Gustavo Gutiérrez）認為：「靈性就像活水，從信仰經驗極深處湧流出來。」[1] 飲於自己之井，就是仰賴耶穌的靈去活出自己的生命，在生活現實中具體接觸耶穌。這不關乎抽象的觀點、信念、想法，而關乎與上帝相交的具體、可聞、可見經驗，正如約翰一書有云：「論到從起初原有的生命之道，就是我們所聽見、所看見、親眼看過、親手摸過的」（約壹一1）。

我們進到自己之井深處，就能辨明聖靈在自己生命的作為。慎思明辨，是一生的修為。明辨之道，別無他法，離不開靠聖靈行事、不住禱告與默想、與上帝的靈深深契合。這樣的生活方式，會在生命深處漸漸培育出一種辨識力，讓人能夠分別「肉體的律」與「聖靈的律」。不斷犯錯是難免的，純全的心是難得的，永遠作出正確抉擇是難求的，但我們只要不斷努力活在聖靈中，起碼會願意謙卑，承認自己的軟弱與限制，轉而信靠比我們的心更大的那一位。

與此同時，我們並非獨自操練明辨，而須在羣體中操練明辨。

問題不僅是：「上帝要帶領我這個人去哪裏實現祂的旨意？」更根本，亦更重要的問題是：上帝要帶領我們這羣子民去哪裏？」要回答這問題，必須小心聆聽上帝在我們羣體生活中的引領。我們聽到上帝在我們當中的聲音，就要同心合意尋求創新的回應方式。

屬靈明辨，乃是建基於具體而微、活潑有勁的靈性，時刻毋忘小心聆聽上帝子民——尤其是貧窮者——的聲音。明辨不容許一套固有、僵化、適用於一切時空的理論，卻要求我們竭力鑒察聖靈在上帝兒女當中不斷更新的作為。換言之，我們的耳朵必須慣聽聖經，我們的教會必須明白聖經。聖經與傳統這些「舊聞」，必須與具體生活經驗這些「新知」不斷對話。

一九八二年，我在祕魯首都利馬出席一個夏季課程，由古鐵雷斯講論他的解放屬靈觀要旨。這個課程是我那次在拉丁美洲旅居半年其中一個極難忘的經歷：接近二千個來自世界各地的社區工作者與「牧者」濟濟一堂，珍惜這個不尋常的學習機會。這些年輕男女都在拉丁美洲生活過、與主相遇過、深刻地從自己心底嘗過「活水江河」（約七38）。他們大多出身於貧民區，其後成了區內爭取解放行動組織者。他們是「自己人」，他們認識自己的人民，也學會用兩隻「眼睛」思想——既定睛在福音之上，也定睛在與民眾一同處身悲痛現實之上。他們是傳道者、社會工作者、社區組織者。他們浸潤在聖經中，將自己看為上帝的子民，蒙召進入應許之地。

廁身北半球形形色色自由神學殿堂的我，眼見南半球這套以基督為本的屬靈觀之正統性，實在大吃一驚。正如古鐵雷斯指出，拉丁美洲基督徒在發現信仰之社會向度的路上，不曾經歷現代的洗禮。以羅梅羅大主教為例，他是傳統神職人員，服事多災多難的薩爾瓦多人民之際，踏上社會批判之路，卻不曾棄絕，遑論批評自己的傳統背景。面對人民受剝削與壓迫，羅梅羅無畏無懼，堅持抗爭，最終以身殉道。他的勇氣的理據，源於他的聖經信仰——他清楚知道上帝在歷史及信仰羣體中的同在。

那年夏天與古鐵雷斯神父及他一眾學生交談，讓我醒覺自己的屬靈觀是何等的個人主義、菁英主義。大體而言，我對屬靈生命的看法，深受我的北美社會背景影響，就是強調內在生命，以及培育內在生命的方法與技巧。直到我親睹古鐵雷斯所描述的一個場面——「窮人闖進歷史」（irruption of the poor into history），我才意識到自己的屬靈觀多麼「屬靈化」。事實上，它已成為一套專為愛好內省者而設的屬靈觀——惟獨他們有那份閒情與空間，去營造內心的和諧與安靜。古鐵雷斯的解放屬靈觀，容納不了上述化約主義（reductionism）。[2]

從古鐵雷斯身上，我學到「解放屬靈觀」必須奠基於積極且不斷反思的信仰，而非消極、私密或孤芳自賞的默觀經驗。此外，屬靈明辨不僅是個人恩賜，更是上帝子民的一種共同掙扎。所謂「人人必須飲於自己之井」，就是這個意思。[3]

如今我服事身體殘障及智障人士，與他們同住。但我有時旅遊或出差，身在外國，會發現世上另有一種殘障，就是國家的殘障，源於破碎的歷史、長年累月的壓迫與剝削、富裕國家的疏忽與冷漠，還有其他社會罪惡，諸如不義、戰爭、貪婪。在我們的世界，不但個人會陷入貧困、殘障、棄絕之中，一個個國家（包括人民與社會建制）也會落入貧困與受壓的漩渦，渴求獲得憐憫與改變。至終，上帝會按我們如何對待個人及國家來審判我們（參太二十五章）。

當我們能夠在掙扎過程中發現上帝的同在，就能夠辨明那掙扎已經獲得勝利。我們所爭取的已經在手。我們所渴求的已經得嘗。我們所求的，不過是將一個已經獲得的勝利全然彰顯在人前。既是這樣，一個在耶穌裏，擁有愛、喜樂、和平的羣體生命，是可能出現的——耶穌邀請我們「來看」（譯註：參約一39），上帝已經，且不斷在我們當中成就之事。

套用古鐵雷斯的說法，「跟隨耶穌腳蹤」、不逃避真實世界、「矢志與社會中被遺棄被輕賤者站在同一陣線」，正是明辨必備的一種張力，驅使我們辨明上帝對人的旨意，以及基督對我們在世上行動的呼召。古鐵雷斯所謂的「窮人的中斷」（interruption of the poor）——就是他們在歷史中的存在與定位——其實是上帝闖進世界。而我們與屬上帝的窮人接觸，其實是與基督接觸，這是一種屬靈接觸，如古鐵雷斯所言：

「這位架設祂的帳幕在我們中間的上帝，要責問我們。上帝的闖進，是我們靈性之源；所謂靈性，乃是邁向上帝的旅程而已。」

附錄二
盧雲論「聆聽深沉的節拍」

克理斯坦森

讓他隨著所聽到的樂聲踏步吧，管他合拍或走板。

梭羅

對盧雲來說，**明辨**既是屬靈恩賜，也是操練，「肯定並確認上帝的愛與引導，會以獨一無二的方式在我們生命中彰顯，好讓我們在上帝的愛之奧妙交互作用之下，認識上帝的旨意，從而實現我們的召命和使命」。[1] 盧雲對該詞的運用，源於聖經提及辨別諸靈的恩賜（林前十二 10），植根於基督徒生命的核心操練——禱告、團契、敬拜、服事——這通向一種「行事為人對得起主」（西一 10）的生命。正如鍾納思在本書前言所言，明辨是「關乎聆聽內心，找出心底與上帝旨意相合的意向，從而作出回應」。就這「明辨」

的定義，我想作一點補充：**明辨是人在獨處及羣體生活中尋獲的屬靈洞見及直觀感悟；藉著明辨，人可以在時空中找到自己的定位，明白上帝的旨意，做上帝的工作**。

在本書第一章，盧雲描述「明辨」為在尋常生活喧鬧中「聆聽一個深沉的聲音」，並且「看透」事物表相，洞燭萬事**相互關連**，明白我們的人生，以及我們的世界如何同條共貫。在本篇我想探討盧雲這個隱喻：「聆聽一個深沉的聲音或節拍」，尤其看看他怎樣聆聽、閱讀日常生活的徵兆。這方面的方法和向度有許多，盧雲的明辨方法，可以總結為以下四點要義：(1)停下來聆聽節拍；(2)隨著所聽到樂聲踏步；(3)與眾聖徒一起定腳步；(4)在路上讀取徵兆。

停下來聆聽節拍

鼓聲有一種原生意韻。論到明辨，盧雲認為「是聆聽上帝，留意上帝的積極臨在……如果我們懂得聆聽，就知道上帝在不斷向我們說話，引領我們前路，指示我們方向。我們只須學會豎起耳朵。明辨，就是聆聽深沉的聲音，選擇不一樣的步調。明辨的人生，就是專心聆聽的人生」(本書第一章)。在我居住的巴克萊鎮(Berkeley)，有一所禮拜堂名叫「主桌」，他們每月辦一次「鼓樂圈」，在一個教學中心舉行，我是參加者之一。每次聚會先由領班決定一個節奏，然後其他人各按己學加入自己的鼓聲——奇妙的是，很快大家都能配合別人的節奏，彷彿追隨著一個深沉的拍子，然後所有鼓手建立默契，漸漸減慢節拍，至終一起結束。可以說，眾人透過接觸自己內在的鼓手，得以與其他在場的鼓手共鳴，也與一個隱藏的鼓手共鳴。[2]

盧雲借用鼓樂意象描述明辨，時維一九七四年，他在紐約州北部熙篤會傑納西隱修院退修，在隱修院內看到一幅油畫複製品，是畫家德菲的《笛手》，圖片下有一段文字，是梭羅的名句：「我們為何如此汲汲於成就，熱中於營營役役？某人不選擇與同伴一樣的步調，也許因為他聽著不一樣的鼓聲。讓他隨著所聽到的樂聲踏步吧，管他合拍或走板」(《湖濱散記》第八章)。[3]

梭羅以及愛默生(Ralph Waldo Emerson)，還有其他超驗主義者(transcendentalists)的深刻智慧，指向打破傳統思想的常規節奏(聖經稱之為「世上的靈」)，聆聽不一樣的節拍(直觀)，隨著所聽到的樂聲踏步(勇氣)。讓我們繼續深究這個關乎明辨的意象。

隨著所聽到樂聲踏步

當你聽到不一樣的鼓聲了，就可以隨著樂聲踏步。試看詩篇的結構和內容。撰寫詩篇一百四十六篇的作者，他聽到的樂聲是甚麼？

你們要讚美耶和華！我的心哪，你要讚美耶和華！
我一生要讚美耶和華！我還活的時候要歌頌我的上帝！

你們不要倚靠君王，不要倚靠世人；

他一點不能幫助。
他的氣一斷，就歸回塵土；
他所打算的，當日就消滅了。

以雅各的上帝為幫助、
仰望耶和華——他上帝的，這人便為有福！
耶和華造天、地、海，和其中的萬物；
他守誠實，直到永遠。
他為受屈的伸冤，賜食物與飢餓的。

耶和華釋放被囚的；耶和華開了瞎子的眼睛；
耶和華扶起被壓下的人。
耶和華喜愛義人。
耶和華保護寄居的，扶持孤兒和寡婦，
卻使惡人的道路彎曲。

傳統將許多希伯來聖經中的詩篇稱為「大衛的詩」，就是昔日一個牧童，他聽到上帝的歌聲，於是彈琴高唱上帝的頌歌。以詩篇一百四十六篇為例，我們聽唱這詩時——這詩對窮人的看法與我們故有的觀感迴異——豈不在呼應永生上帝的聲音？若再擴闊這音樂意象，可以說，那位天、地、海裏的魚的創造者可被想像為一位超卓的樂手、天上的琴手、不一樣的鼓手。如此，主上帝，以及與上帝呼應的受造物，是在演奏歌曲：為窮困的求公義、為飢餓的求飽足、為被囚的求自由、為瞎眼的求視力、為寄居的求蔭庇、為孤寡的求眷顧。

這些歌曲打垮傲慢的人，抬舉謙卑的人。

明辨要求我們將耳朵貼在地面上，方可聽到那些為窮人發出的低音，以致能夠專注在首要之事上，也就是上帝最關注之事。我們一旦聽到或留意到這深沉的聲音，哪怕只是一個微弱的聲音，就能隨著樂聲踏步，管他合拍或走板。但如果我們亂了步伐，錯失節拍，應該如何是好？那就停一停，再聆聽吧……「你或向左或向右，你必聽見後邊有聲音說：『這是正路，要行在其間』」（賽三十21）。換言之，你去到三岔口，會聽到有聲音在身後出現——盧雲稱為「心靈愛語」——提醒你上帝與你同在，並向你啟示祂的旨意，有時是極清晰的指示。

定我的腳步

「以主的道定我的腳步」，這是福音詩歌常見的歌詞。[4] 這主題源於箴言二十章24節（箴言是所羅門王御輯慧語）：「人的腳步為耶和華所定；人豈能明白自己的路呢？」我們誠然不能全然明白上帝的路，甚或自己的路。我們只能將自己交付永生上帝的眷顧，惟有上帝清楚明白我們的腳步。盧雲說得好：「你不能看見前面整條道路，卻總有足夠亮光踏出下一步。」然後，我們時刻不斷繼續信靠上帝的引導。

論到「以主的道定我們腳步」，盧雲建議我們操練神讀——亦稱靈讀。你在靈修中讀到甚麼，讓你感受到亮光與共鳴？「神讀，就是以敬畏的心讀聖經，向聖靈敞開心懷，領受祂此時此刻對我們要說的話。當我們面對上帝的道

（*logos*），將之視為上帝對我說的話（*rhema*），就能體會上帝的同在，體悟上帝的旨意。」[5]

我想盧雲還會補充說，「與眾聖徒一起定腳步」也很重要。誠然，聖經有助定我們腳步，但我們還有眾聖徒（無論他們在生或否）幫助我們聆聽、遵行主的道。我們的信心之旅決不孤單：「我們既有這許多的見證人，如同雲彩圍著我們，就當放下各樣的重擔，脫去容易纏累我們的罪，存心忍耐，奔那擺在我們前頭的路程，仰望為我們信心創始成終的耶穌。他因那擺在前面的喜樂，就輕看羞辱，忍受了十字架的苦難，便坐在上帝寶座的右邊」（來十二 1 ～ 2）。盧雲會說，如果是上帝定我的腳步，就不是我獨自一人去定腳步了。我們都是基督身體的一員，同屬一個信仰羣體，並不單獨行動。身為普世教會的一員，我們與其他人——過去、現在、未來——在基督的身體裏彼此結連。當我們在信仰路上定自己的腳步，有整個聖徒羣體幫助我們，正如盧雲在本書第二章所言：

> 提起聖徒，人們總是記起他們的神聖與敬虔，腦海中浮現他們頭上的光環，還有狂喜的眼神。然而，聖徒其實是很親民的。不論他們仍然在世，或已經加入了「如雲彩般環繞我們的見證人」行列，在我們需要之時，他們總可以成為幫助⋯⋯在那可怖的日子，朋友忠誠代禱，為我帶來力量。除此以外，我也感覺到教會一些聖徒或教會歷史上的聖徒與我格外親近——他們忠心的見證與力量，成為我患難中的指引。他們鼓勵我努力操練明辨，活出屬靈生命。在我掙扎之時，我總會求他們為我禱告。

讀取符號/徵兆

世上有形形色色的符號/徵兆：路標、廣告板、減價牌、聖經中的神蹟奇事、世局透現的時代徵兆，還有各種屬靈徵兆——供你抉擇，確定下一步怎麼走、一生要怎麼過、如何對待鄰舍……盧雲告訴我們，在明辨的路途上，可以怎樣讀取日常生活中的徵兆。

我在德魯大學（Drew University）教授一個課程，是關於魯益師（C. S. Lewis）和托爾金（J. R. R. Tolkien）的一個共通興趣：符號學（semiotics），就是研究符號傳意的學問。對這兩位學者而言——起碼在他們的作品中——是否懂得讀取符號/徵兆，是生死攸關的大事。譬如在魯益師的《納尼亞傳奇》（*Chronicles of Narnia*）中，阿斯蘭（Aslan）吩咐琪兒（Jill Pole）要讀取並緊記一些她生命所依之符號/徵兆：「不過，首要的，是緊記、緊記、緊記那些符號/徵兆。你要隨時口言心應——早上起來、晚間躺下、午夜夢迴——不管你遇見任何怪事，都不可讓心思偏離那些符號/徵兆。」[6]

徵兆在你眼前，卻承載並指向它本身之外、隱藏在表面下的意義與目標。人生路上的徵兆，是為吸引我們注意，確認或質疑我們的方向。當然，路上有待詮釋的徵兆數之不盡，而你也實在不能將信心建基於「神蹟奇事」上。不過，按照盧雲的屬靈觀，我們可以向上帝禱告，求上帝賜下徵兆，確認或質疑我們的動向。[7] 以我一個朋友麥奇（Jeff Markay）為例，他曾向盧雲討教關乎他一個召命上的決定，盧雲以他帶著濃厚鄉音的英語回答說：「你要這樣禱告：『主啊，求祢讓我清楚知道，清清楚楚地知道！』」

盧雲相信上帝時時刻刻以許多方式向我們說話：藉著夢與想像、朋友與遇見的人、好書與偉大的思想、大自然之美、重大事件與當世事件。但我們須具備明辨能力，才可聽到上帝的聲音、看到上帝所看到的、讀取日常生活的徵兆。[8] 他從他導師梅頓所學的，都記在本書：就是如何藉著**書本**、**大自然**、**人**、**世事**，讀取上帝引導我們的徵兆。

按盧雲的想法，尋找上帝引導的起點，是那些吸引我們閱讀的材料——神讀不限於聖經，亦包括好書以至文學作品——聖靈會使之成為神人溝通的媒介。還有「大自然之書」，就是上帝在創造中臨在之徵兆——樹木花朵、太陽星星、風雪雨露……提醒我們上帝的第一語言是大自然，上帝也呼召我們愛護珍惜祂的美好創造。

「上帝藉著與我們談論上帝事情的人，對我們說話」，盧雲在本書第五章如此說。他認為與我們有血緣，或親密，或有深入關係的人，是上帝同在與指導的媒介。他們常常播下種子，為一個尚待啟示的未來預備道路。用屬靈眼光看，一些人在我們生命中出現一時，有特定理由，另一些人卻是一生之久。聖靈引導、塑造我們生命其中一個途徑，是透過我們人生路上與之相遇的人。我們懂得將這些人看為上帝給我們的恩賜，他們就成為活生生的徵兆，引領我們走向上帝、回到家鄉、尋找召命、調校新方向。

除了**書本**、**大自然**、**人**可以成為徵兆，指向上帝的智慧與引導，盧雲認為**世事**也是日常生活中的徵兆。他從梅頓的說法得知，某些**事件**——當世事件、歷史事件、重大事件、人生境遇——可以成為路標，指向上帝的旨意及新造的意義，但人必須「有眼可看、有耳可聽」。過去發生之事，往往啟現新道理與洞見，是供我們學習的屬靈教材。在每個重大事件背後，盧雲認為：「都是上帝行奇事的機會，可以在我們眼見表面之外，啟示更深邃的真理」。[9] 上帝也透過看似偶發的事件與環境向我們説話，為人生增添意義。明辨是屬靈藝術，令人可以在日常經歷的各樣事件、際遇、處境中，找到上帝的腳蹤。

除了感官與理性思維，「心」也有它獨特的聽聞、觀看、認知方法。在右腦某處，也許深藏在所謂的靈魂內，人有一種屬靈感官，經操練後可以聽到一個節拍、隨一個樂聲起舞、讀取一些徵兆。上帝很少直接、面對面地與人交談，卻總是輕聲地、透過徵兆與符號，在靜謐中，以微小聲音向人説話，因此我們須曉得反思與詮釋。

書本、大自然、人、世事所透露的信息，是明辨的背景內容。藉著禱告反思、羣體支持，我們蒙上帝帶領去抉擇、委身、行動，並領受確認，察驗我們所冀所信，是否上帝的旨意。「總而言之，」盧雲説，「我們所能有的，不過徵兆而已，它引領我們**感知**那無法言喻的奇偉之事」：

「如經上所記：『上帝為愛他的人所預備的是眼睛未曾看見，耳朵未曾聽見，人心也未曾想到的』」（林前二 9～10）。[10]

附錄三

屬靈友情與交互明辨

鍾納思

一九八五年初夏某天，我和未婚妻瑪嘉烈（Margaret）並坐一艘三十英尺長的帆船的尾部。我們身處波士頓北岸對開大西洋，浪高七英尺。帆船是約翰·布列特（John Marshall Bullitt）的，他是我未來岳父、哈佛大學英文系退休教授、航海發燒友。他患了肺癌，治療中，卻自知時日無多了。那天我們仨出海，在海上一個鐘頭後，約翰突然叫我試試掌舵。他作了一些基本講解，說罷就在瑪嘉烈對面坐下。他們父女隨即討論二人共同的興趣——詩歌，輪流背誦喜愛的篇章。我緊握方向盤，強行抑壓心中一波波恐懼。我從未開過帆船。一陣陣來自四方八面的強風，將船帆吹得左搖右擺；滔滔巨浪，不斷拍打船身。要是我犯下甚麼錯誤，將船弄翻怎麼辦？我留意到約翰偶爾看我一眼，然後抬頭看看船帆。他的注意力似乎不在我身上，而是在我之外——這對我而言，不知為何反而有一種鎮靜效果：如果他信任我這個百分百新手，也許我真有能力掌舵？也許他的基本講解，加上我的生活經驗，已經足夠讓我懂得航海之道？

那天我所學的道理，關乎航海、也關乎明辨。其一，這事提醒我，我是何其需要，又何其感激所得的適切指導。面對不可知事，若無導師在旁，內心難免惶惑不已；在驚恐中已是手忙腳亂，遑論學習甚麼知識了。其二，我在大浪中要將船駛往一個方向，然而水平線時隱時現。我想到航海和做人一樣，需要我們全神貫注。我們可以設定目標、判定自己的約略方位，但情況是不斷改變的，客觀情境如此，內心狀況亦然。要到達目的地，就要時刻警醒、常存一幅宏觀地圖，好好考慮路線分站，不斷衡量最新形勢。

我握著方向盤，盯著水平線上要去的位置——很不容易，因為船在急風駭浪中晃晃盪盪。船身是傾斜的，我必須側著身子平衡。眼前有巨浪，因此要不斷估量風向、風速、船行方向、目標距離、主帆及船頭三角帆的狀況。此外，羅盤告訴我，我沒法將船時刻保持在直奔目標的航道上。眼前的動盪，使我必須「搶風行駛」(tacking)，即不斷左右轉向航行，向目標邁進，偶爾甚至望不到目標。這不就像人生嗎？我暗忖：頃刻之間迷失方向，查看羅盤，找出「北」方，修訂航線，扳動方向盤。在人生的改變與挑戰中，我們很容易忘記自己是誰、為甚麼在這裏、下一步要去哪裏。

每一種宗教、每一段心靈之旅、每一類「自我增值」課程，都向信眾提供一幅旅程概念地圖，給你一個目的地，以及前往的方法與指引。明辨是基督信仰的重要題目，已有兩千年歷史，不同宗派與羣體，各有稍微不同的進路。乍看起來，基督徒生命目標或目的地好像明確不過：成為耶穌基督跟隨者——但這有甚麼含義？你怎知道自己是否真的在活出基督徒生命？上帝想我怎樣生活，又為我預備了怎樣的一生？我怎知道自己是否在遵行上帝的旨意呢？

有基督徒強調作門徒的道德層面，就是努力按照耶穌主張的倫理原則與價值來生活，主要是愛上帝、愛鄰舍，包括愛仇敵；箇中焦點是必須做與必不可做之事。另有基督徒強調明辨的主觀層面，箇中焦點不是外在行為，而是內在的感受、思想、意向，以至整體自覺意識。當然，主觀經驗與客觀行為同樣重要——以此而言，「搶風行駛」的意象十分適用：在明辨路上，我們的關注要遊走於內在與外在經驗之間，不斷調整、修訂行進路線。

對那些強調道德與行為的基督徒而言，明辨關乎天天省察一己言行，要在一天將盡時捫心自問：今天我有善待他人嗎？我有為正義作出具體貢獻嗎？我有幫助窮人嗎？如果耶穌身處這景況會怎樣做？我有效法祂嗎？上帝此刻呼召我做甚麼？

這樣的省察或明辨最好不僅在獨處中進行，也在羣體生活中進行，因為基督徒須將自己交付一個較大的羣體，就是他所屬的信仰羣體，還有他的家庭。聖經勸勉我們，若眼見某人行為傷己及人，就要用愛心向那人說誠實話。耶穌的故事及教導，也催促我們問自己（有時也要問別人）：我們對人有愛心與體諒嗎？我們願意回應所學所知，除去自私或自毀行為嗎？

對那些強調主觀經驗的基督徒而言，操練明辨，就引發關乎經驗的內心流向的疑問——晚間回想一天，撫躬自問：我怎樣，以及在何處覺察到上帝的同在？我如何回應？我今天感受了甚麼？我如何與上帝分享這感受？我有否執意論判某人，或不停追想某個遭輕蔑的經歷？曾否打算犧牲誠信，甚或扯個小小的白色謊話？我有留意耶穌應許的平安時刻嗎？——就是那身處憂慮、批評、思想轟炸之中依舊不滅的內在平安。上帝願意我看到、聽到的是甚麼？

主觀明辨，要求我們不斷留意心裏紛至沓來的記憶、圖像、思想、情緒。這是永不止息的事。感覺與動機是飄忽不定的，所以基督徒需要操練禱告、默想、默觀，方可集中精神，有力量與膽量向神聖目標奮進——即使身處陰晴難料、幻變無常的天氣中。

只要一息尚存，人人都在大海中航行，搶風行駛，在風浪中左繞右轉，向家鄉邁進。帆船、伙伴、天氣是我們的同行者——在旅程中若能遇上嚮導，幫助我們辨明方向，實在是莫大的喜樂。

盧雲，卓特的舵手

在心路歷程的汪洋中，亨利．盧雲神父是卓越超羣的舵手。我在一九八三年結識亨利，那是我人生覆地翻天的時刻：我的婚姻亮起紅燈，我的自尊落入低谷。我在哈佛大學唸博士，研究心理學與教育學。我同時打三份工，精神緊張，失去方向。我愛我的學業，但對我的召命不大肯定。某天幾個同學告訴我，哈佛神學院來了一個新教授，他是傳道者、靈修導師，寫過許多屬靈書，心中似乎有一團火，能夠啟迪人與上帝相交。他名叫盧雲，將在哈佛廣場聖保羅堂主講一個晚間聚會。我決定去看看。

亨利的聚會在教堂地庫舉行。走下樓梯的我，其實瀕臨離開基督信仰邊緣。我來自信義宗背景，就讀達特茅斯學院（Dartmouth College），沉醉道家與佛家修行之道。一九六九年學士畢業後，我開始研讀梅頓著作，踏上另一心靈之旅。梅頓這位熙篤會神父，不但對默觀操練所知甚深，也涉獵佛教與基督教對終極實在之理解的相通之處。一九七五年，我歸信天主教，宣誓加入新罕布夏州彼得堡（Peterborough）加爾默羅第三會（Third Order Carmelite），成為奉行加爾默羅式生活的平信徒。

其後我做過農夫，實踐有機耕種，定期參加修院彌撒，鑽研十六世紀西班牙加爾默羅會聖人十架約翰及大德蘭著作，也用他們的著作祈禱。我深信他們的靈命觀，與我所理解的佛家之慈悲修行，與我珍視的道家之尚崇自然，互相呼應，彼此相連。我開始在不同學說之間——譬如十架約翰的「無」（nada）與釋迦牟尼的「無我」之間、禪宗的「空」（*shunyata*）與基督教的「倒空」（基督的虛己）之間——發現一個共通的智慧淵泉。一九八〇年代初，我仍想做基督徒，但我在哈佛五年的研究院生涯中，有幸遇上幾位佛家修行大師，反而沒有遇上適合我的基督教禮拜堂。

那個晚上在聖保羅堂，盧雲彷彿一腳踏進我的明辨旅途，掏出一個我們共有的心靈指南針，給我指明「北」方。你的心底慾求是甚麼？他問道。你的人生方向在哪？亨利已經找到他的答案：在耶穌裏。我聽著他的動人演講，向來籠罩著我的迷霧，霍然散開一個出口。耶穌是亨利的靈命軸心，這再明顯不過——就在那一瞬間，我知道自己也在渴求這份對人生方向的肯定，我明白自己在等候重新駁回我的基督信仰之根。

當晚前去聽亨利演講的人數以百計。亨利回答最後一條即場問題，掌聲過後，我猜會有許多人爭著上前向他攀談。來不及多想，我已動身走到亨利面前，劈頭問他是否願意做我的屬靈導師。亨利有點錯愕，向我微笑說：「這個嘛，我也不確定，不如我們找天一起吃頓午餐再說？」其後我們真的共進一頓午餐，然後是更多午餐——我們可謂一見如故。

然而，我們的友情並非一帆風順。我們相識之初，恰巧亦是大家各自經歷明辨路上極艱難的一段時期。亨利是個荷蘭神父，在家鄉獲得宗教學與心理學博士學位，並赴美國堪薩斯州的梅寧格研究院（Menninger Institute）深造精神病學與宗教學。在事奉路上，他的樞機主教給他極大自由：全世界都是他的牧區，他可以按上帝帶領而行，而他花了最多時間在北美。不過，在我認識他時，他不覺得哈佛是他歸宿。事實上，在此前幾年，亨利已考慮全身退出學術圈。他在一九六〇年代末在聖母大學當教授，一九七〇年代獲得耶魯神學院教授終身職位（克理斯坦森是他在耶魯的學生），但他對自己「學院派神學家」的身分始終很不自在，最後放棄耶魯教席，前去拉丁美洲嘗試服事農民。可是過沒多久，他又掛念美國學術文化養分，於是接受哈佛部分時間教職。

亨利與其他許多哈佛教授不同，他不大熱中於探索關乎耶穌與上帝的理論。他不想談論上帝——他想與上帝同在；他想引介學生認識他所感受到的耶穌賜給我們的聖靈——那無遠弗屆、滿有大愛的同在。亨利力圖跨越鴻溝：腦與心之間、神學教育與宗教禮儀之間、思考與靈修之間。他在哈佛設立了一個最不可能在哈佛出現的課程，名為「聖靈的生命」，還有另一個課程專講約翰福音的奧祕教義。他邀請學生參加清晨彌撒，課堂又常常以泰澤默觀式聖歌開始。他深信一事：不論神學生將來投身任何工作，只要在學時建立天天敬拜、禱告的習慣，就已經獲得又深又遠的裨益了。

尋找真正的「北」方

認識亨利後不久，他向我吐露他渴望找到新的人生方向。他渴想住在羣體中，但他已嘗過修院生活，覺得太孤單了。另一方面，他覺得蒙召做作家兼教師。雖然學院環境有助實現這召命，但同時令他既做不成牧者，也過不了羣體生活。他究竟歸屬何處？這問題很困擾他。隨著我和亨利友情加深，我們不斷討論這題目，我們的明辨之旅，也交織一起好一段日子。

其時我遊走於佛教與基督教之間。我在哪裏可以找到有興趣開展佛教與基督教對話的羣體？我應該用多少時間在靈命上，又應該採納佛教，還是基督教操練方法呢？此外，一九八〇年代中，我與前妻正式分居，安排女兒撫養權；我與瑪嘉烈交往，我深愛她，但不肯定能否承擔另一段婚姻的挑戰。我天天問自己：我該做個單親爸爸，還是再闖情關？若我真的決定再婚，為了留在天主教內，我是否該向教會正式申請解除首段婚約呢？這些疑問不斷衝擊我，就像從四面八方而來、呼呼撼動小舟的狂風。

亨利願意聆聽我的心曲，並分享他的看法。他的指導總在屬靈層面：不論我作出甚麼抉擇，必須藉著禱告認識耶穌更多，必須更多參與退修。

我給亨利的勸告總在心理層面：雖然他具備屬靈深度，卻似乎終日焦躁不安。我懷疑他的焦慮源於與母親的關係（他母親在幾年前離世），也可能因為與他父親的關係不大理想。

我也懷疑他的同性戀傾向、守獨身的司鐸身分——他從沒有公開自己的性傾向——是他焦慮不息的泉源。亨利畢生以天主教司鐸為志業，可是天主教以同性戀者為「失常者」（disordered）。他的同性戀天主教朋友力勸他「出櫃」，另一些朋友認為他應該將自己的性傾向視為隱私。就這件重大事情，亨利總在慎思明辨，卻始終未能找到一個能讓他獲得平安的抉擇。雖然他想見證同性戀者、同性戀司鐸的正當性（validity），卻又希望他的事奉以耶穌為焦點，而非以當代性政治為焦點。他委身首務是與耶穌同行——傳揚福音，幫助人在耶穌的生命裏尋獲意義。他擔心若公開自己的同性戀傾向，無可避免會讓人的目光轉離耶穌，從而導致他整個事奉焦點出現變化。他害怕會因此難以做好司鐸職事，難以再有效傳揚耶穌。亨利在這方面的掙扎，可謂至死方休。

亨利應該如何抉擇？我們談論得不少，而我一直沒有固定看法，因為兩個抉擇各有利弊。直至最後，亨利在航程的驚濤駭浪中一直謹守傳揚耶穌的職事，至終沒有公開他的性傾向。雖然我有時會寧可他公開他的性傾向，但我尊重他的決定：全然委身他心底那真正的「北」方。我的角色，是做個體恤他的聆聽者。亨利的心，始終向著耶穌，不論發生甚麼事，他信靠耶穌會引領他進入上帝的同在與平安中——正如亨利不斷在聖餐桌前所見所嘗的。

曾有一段時期，我看亨利為導師，他亦同時看我為導師。我剛完成臨牀心理學訓練，成為他的治療師，而他是我的屬靈導師。不過漸漸我們對這樣的交往方式感到不自在，二人好像在競逐甚麼似的，所以至終決定返璞歸真，大家做朋友好了。多年後我和他重溫這段日子，不禁笑成一團。亨利比我大十五歲，他是個名人，我不是，但這些差異對我們似乎沒有造成甚麼影響，我們喜歡對方，信任對方。

一九八六年，亨利終於找到一直在尋找的羣體了。他在哈佛遇上一個講員，就是范尼雲。其時范尼雲已經建立一個國際組織，就是方舟團體，服事殘障人士。亨利獲邀前往加拿大安大略省列治文山（Richmond Hill）的方舟團體分部「黎明之家」擔任牧職。

約在同一時間，我和瑪嘉烈決定結婚。亨利起初反對我們的婚事，認為我必須先向天主教教會正式申請解除首段婚約。我也聽從他意見，但我在辦理手續時，發現自己實在不能接納某些要求，於是決定取消申請。其後亨利與我好好交談，又認識瑪嘉烈更深了，終於認定我們這段關係滿有恩典、我們結婚實屬明智——雖然這違反他所屬教會的教義。他出席了我和瑪嘉烈的婚禮，並在婚宴上為我們祝福。

一九八〇年代將盡，瑪嘉烈獲按立為聖公會牧師。她邀請亨利在她按立禮上講道，但亨利拒絕了，因他知道波士頓樞機主教不會允許。亨利沒有講道，但他在按立禮後於接待廳中跪下來，請求瑪嘉烈為他祝福。這是另一個彰顯亨利明辨能力的時刻——藉著這個舉動，他確認聖公會女牧師的職事。在我看來，從一九八〇年代至一九九〇年代，亨利的明辨之旅，總是向著耶穌、按著耶穌那無條件的愛進發——即使他所屬教會遲遲未及追上聖靈之風所吹送的方向。

其時我正參加聖公會禮拜，這比較接近我昔日信義宗與天主教的禮儀。我在聖餐中體驗上帝的同在，但與天主教教會的關係出現變化。此前幾年我一直以天主教教會為我內在指南針，但最後我得承認，教廷就一些議題，諸如女人在教會的角色、避孕、人口增長、性傾向等，都與我的道德立場相左，我必須重新調校我的指南針。在我生命這個艱難的時刻，亨利這個朋友一直體恤我、支持我，惟願其時他也覺得我體恤他、支持他。

「最重要的是你要知道你是誰」

記得我在一九八八年曾經與亨利談論明辨。其時我剛完成哈佛博士課程，成為心理治療師。我的一些屬靈掙扎紓解了。此前五年，亨利的洞見、智慧、友情對我影響很深。雖然我仍繼續參與佛教禪修，但我決意再度確認我的基督徒身分。不過，我對自己的事業下一步該怎麼走，一時毫無頭緒，一時進退維谷。我該加入機構，還是做個單對單的治療師？我該考取專業資格、正式註冊成為臨牀心理學家，還是求取聖公會牧職？亨利的回應令我又吃驚又擔憂——我記不起我們交談的詳情了，但大致是這樣吧：

亨利說：「我認為你太急於作出這些選擇了。」

「太急？」這簡直難以置信。「我四十歲了！」我心中那些熟悉的刻薄聲音又響起了：我總是不夠好。亨利不尊重我。我已經是個基督徒、治療師，但仍然不認識自己。我有問題。

「你一生走過的路殊不簡單，」亨利說，「你沒有做錯甚麼，這是一個旅程。你聰明，也有確實恩賜，可以為世所用，但你太在意事業了，而這不是你目前最重要的事。真正要問的是：你一生的終極目標是甚麼？你一方面是個入世的治療師，卻又具備既有深度又有活力的屬靈生命，我看你啊，既不想成為百分百世俗專業人士，卻又同時不想成為神職人員。總言之，你的路不容易走。你可能要自行開創一個角色，但你必須先有一段長時間的明辨操練。

「最重要的是你要知道你是誰。你必須減慢步伐，問自己究竟想得到甚麼？甚麼能夠令你快樂？甚麼能夠令人快樂？你必須為這事禱告。如果我們跟隨耶穌、信靠耶穌，就必須調校我們的目標，向下移動——而不是向上移動。」

向下移動？我還向下移動得不夠嗎？亨利是我的朋友、導師，我信任他，但我抗拒他這說法。我來自威斯康辛州北部一個信奉信義宗的工人階級家庭，不靠父蔭、只靠己力獲取常春藤大學的教育機會。我在達特茅斯唸完學士，曾在柏克萊「反戰者聯盟」(War Resisters League)公社住過;又在佛蒙特州當過「回歸土地者」(back-to-the-lander),胼手胝足,以勞力賺取基本生計;又在密蘇里州肯薩斯市(Kansas City)貧民窟做過社區組織者;又在公立中學做過教師;在哈佛唸博士時,又在一所殘障人士學校做過實習心理學家。

我的雄心驅使我踏進常春藤大學,但我同時投身公眾服務。我怎可能一方面在專業上向上移動,另一方面在生活上又向下移動呢?美國文化主流是實踐個人雄心、成就、名聲,這對我頗具吸引力。我許多朋友也嚮往一種新的,更穩定自足的生活方式,他們對貧窮感到厭倦,轉而躋身受人敬仰的教育、金融、企業管理、商界專業。我為家人長遠的幸福著想,開始問自己說:只要是個好人,向上移動又有何不可呢?也許是揚名立萬的時候了——機會稍瞬即逝,一去永不復還!然而,我的個人雄心,如何與我順服上帝、服事人的渴望扣上關係?我禁不住懷疑自己,也看不到出路。

亨利說:「你要知道,你的所作所為,源於你的身分,而你的身分,是上帝所愛的。你必須聆聽心底那愛的聲音,那聲音帶著引導。我們人人都是這樣:如果聽取其他聲音——尤其是那些懷疑自己的聲音,就會落入困局中。但如果真心相信自己心底的身分——上帝所愛的,你的抉擇會變得明確,你漸漸能夠擺脫別人對你的影響,說你應該追求這個或那個。你將來所成就的,不會是你或美國文化所期待的。」

好一個不是答案的答案!不過其後幾年,我開始領略到亨利這番話的智慧。他所提的問題,在我心中一直盤桓:**在我所做一切之下,究竟我的身分是甚麼?我是誰?我屬於誰?我**

的同行者是誰、我的羣體在哪裏？為我及我所愛者一生，我最重大的渴求是甚麼？我正在聆聽的心底聲音是甚麼？帶給我喜樂的是甚麼？

在心靈深處，這些問題，與我在禪修中浮現的問題不期而遇。在禪修中，師傅會指導學生問自己一些簡單的問題，譬如一邊慢慢呼吸一邊問自己：「這個呼吸中的人究竟是誰？」隨著思想、煩擾、回憶、感受在腦海中浮現，師傅會引領我們自省：「這是甚麼？」這徘徊不去的回憶、這恐懼、這慾求、這自我判斷，究竟是甚麼？這些問題促使我們超越心中思想、回憶、慾求所造成的嘈吵亂象，而進入一種靜默、直觀的覺醒中。這種獨處中的自我認識，似乎與亨利的建議互相呼應：慢下來，仔細深究我的生命。他提議我與我的恐懼、煩擾、憎厭「交往」——這是我隨時隨地可以進行的操練，包括在禪修中。

我向亨利描述我的「禪修式基督教祈禱」操練，他聽得明白，而且支持。他信任我的感觀，相信在我禪修的徹底倒空中，基督與我同在——不是我意識的對象或確實的內在聲音，而是滲透裏裏外外的同在。我想到使徒保羅幾段引起共鳴的宣言：「現在活著的不再是我，乃是基督在我裏面活著」（加二 20）、「這原不是我，乃是上帝的恩與我同在」（林前十五 10）、「你們當以基督耶穌的心為心」（腓二 5）。亨利勸我相信耶穌不僅是歷史中的拿撒勒人耶穌，也是住在每個人心中的基督，祂與人永遠同在。基督活在每天的「我」中，也活在我每時每刻川流不息的思想、感受、回憶、感覺中。

我的理性無法理解這些，但我的感覺告訴我這些是真的。發現上帝這深藏同在的惟一途徑，是默禱與獨處的操練。亨利稱獨處為「改變的洪爐」——在那靈魂暗處，我們脫去一切干擾，單單憑信等候稱我們為「親愛的」那一位。

某天我在紐約某所佛教禪修院退修，突然領悟到亨利和使徒保羅所講論之事。在第三天，經受許多焦慮與絕望後，我的情緒忽然一發不可收拾，眼淚如雨般落在跪墊上。我有一個清晰的感覺：基督就在旁邊坐著。我心中冒起一個想法：「耶穌不害怕佛教，祂不害怕這個。耶穌是成肉身的上帝，祂又擁有我們的人性，願意體會有限生命是怎麼一回事。祂是好奇與創意的具體呈現。祂在我裏面，祂在我們當中，祂渴望愛我全人，以及這裏每個人的一切。祂與我的禪修師傅一樣，願意我們有深度、無偏見地探究這問題：這究竟是甚麼？」

我感受到亨利的同在。我記起他的信念：我可以信任自己。我淚如雨下，是恩典絲雨。

在亨利的鼓勵下，我在一九八八年入讀韋斯頓耶穌會神學院（Weston Jesuit School of Theology）。雖然我與天主教教廷日漸疏離，但我珍視天主教對聖餐的教義，還有其神祕主義傳統。在韋斯頓的日子，我盡力吸收天主教精髓，雖然自知留在天主教日子無多。我在哈佛學習「客體關係心理治療」（object relations psychotherapy），這種治療方法建基於：「自我」藉親密人際關係形成。我在韋斯頓的碩士論文，是跨科際探討客體關係心理治療、基督教當代禱告、佛教禪修這三者如何交互作用，帶來醫治。

亨利是我其中一位導師，他的聲音是我其中一個內心聲音，但我也漸漸建構起自己的神學，闖出我自己的屬靈道路。

我加入了佛教基督教研究學會（Society for Buddhist-Christian Studies），出席全國會議，在學術聚會中主領默觀操練。其後在一九九四年的冬天，在亨利的支持下，我開辦「空鐘」（Empty Bell），它是一個退修中心，由我波士頓市郊新居的車庫改裝而成。它既是佛教與基督教對話平台，又是默觀式禱告操練場所。它成了我的事奉中心。

亨利會抽時間到我家小住，並在「空鐘」主持彌撒。他也出席過幾個在「空鐘」舉行的宗教對話研討會，參加者有佛教與基督徒、僧侶、神職人員。

亨利在「黎明之家」居住工作的十年間（1986～1996），我們經常彼此探訪、打電話聊天。其後我學會吹奏尺八（*shakuhachi*；譯註：中國傳統竹製管樂器，唐朝時傳到日本，成為日本古樂經典樂器，今日在中國反而式微），亨利有時會在主領退修時邀請我在他聚會中演奏。他會講論我們在基督裏為上帝所愛，喚醒眾人的情感，然後由我吹奏一段禪修音樂，在樂章靜默時段提醒眾人：上帝在我們思想的靜默中與我們同在。亨利總能夠點出靜默與獨處的價值所在——雖然我知道他自己其實經常在一個人時，感到焦慮。

亨利對佛教興趣不及我，但他默默支持我探索。他確信東西方默觀方法可以相輔相成。亨利曾經形容人的思想像「一棵爬滿猴子的樹」，這意象來自著名的佛家語，我認為這是亨利對東方思想的致敬。亨利的事奉全然以福音為核心，我的卻是周旋於禪宗與基督教之間，這差別讓我走自己的路，而不是全盤接受亨利的觀點。承認並接受我自己的路徑與天主教教義、亨利的屬靈路徑之差別，讓我聯想到昔日岳父在風浪中只給我一點點航海訓練，然後便將方向盤交給我的經歷：你要靠自己了！但你可以相信你導師的同在，已經成為你自我意識的一部分。

一九九五年秋，亨利在安息年來我家小住了三個月。八個月後，亨利的祕書給我電話，說亨利在飛往俄羅斯途中，在荷蘭家中稍停，期間突然心臟病發不治。我哀傷不已。其後在多倫多市郊東正教大教堂舉行的安葬禮及紐約市的追思會上，我都吹奏尺八向他道別。

幾年後，我加入盧雲協會（Henri Nouwen Society）董事會，結識了克理斯坦森和萊爾德，還有亨利在不同時期結識的許多好友。其後我編纂了兩部亨利著作選集。

我和亨利的友情歷時十六年，彼此信任，在信中一起成長。我們互相影響，互相愛護，當然亦偶有不和，甚或不瞅不睬。我們無所不談，從神學到玄學、到參加健身中心的益處……我們建立的獨特關係，是我初識他時難以想像到的。我們可謂體現了亨利的信念：明辨不僅由個人在獨處中操練而成，明辨也是活生生的火燄——須以關係和羣體維繫。

今天我仍在主領以亨利生平與教導為題的退修會。他仍然活在我的生命中，我仍然珍惜他的友情，並從我們的交互明辨中獲益。我的朋友啊，謝謝你。

本書選材來源一覽

導論　黑暗中的光明

改編自盧雲一九九一年未出版手稿“Take, Bless, Break, Give”序言及第一部；佐以 *With Open Hands* (Ave Maria Press, 2006) 頁 142 節錄。

第 1 章　在獨處及羣體中操練明辨

改編自一九八九年未出版手稿“Becoming Poor Before God: Spiritual Formation at Daybreak”；一九九〇年未出版手稿“God's Will, Acceptance of”；未出版的“The Genesee Diary”內容（一九七四年六月十一日、二十九日）；“Power, Powerlessness, and Power: A Theology of Weakness”（一九九三年八月十七日）頁 1 ～ 2；一九八〇年六月二十三日於 Woodland

Park Community of Celebration 舉行的「論禱告」研討會（A Conference on Prayer）紀錄，講題為「寓禱告於聆聽」（Prayer as Listening）；*Gracias!: A Latin American Journal* (Harper & Row, 1983), xviii, 12～13。

第 2 章　真理的靈，謬妄的靈

摘錄自“The Genesee Diary”及“The Road to Daybreak”未出版內容（一九八五年九月二十三日、十一月二十一日；一九八六年四月十四及十五日、五月五日）；“South American Diary”（一九八一年十一月十八日、十二月十四日）；未出版手稿“Take, Bless, Break, Give”的序言；*Bread for the Journey* (HarperSanFrancisco, 2006)，一九八五年十一月十日及十一日、四月十五日）；*Life of the Beloved* (Crossroad, 2002), 27～28；“Distinguishing Law of the Flesh and Law of the Spirit,” in *Gracias!*, 13。

第 3 章　讀取前路

本章核心內容改編自*Thomas Merton: Contemplative Critic* (Liguori, 1991)，尤其是第二章；摘錄自“L'Arche Diary”及“The Genesee Diary”未出版內容；一九八一年耶魯神學院課程「屬靈生命概論」（An Introduction to the Spiritual Life）課堂筆記；盧雲為 Yushi Nomura ed., *Desert Wisdom: Sayings from the Desert Fathers* (Doubleday, 1982) 撰寫的導論（頁xii）；*Bread for the Journey*（一九八一年四月十五日）；*Gracias!*（一九八一年十一月三十日）。

第 4 章　閱讀大自然之書

改編自 "The Genesee Diary"（六月十一日）; *Walk with Jesus: Stations of the Cross* (Orbis, 1990), 3 ～ 4；"The Road to Daybreak"（一九八六年一月八日）; *Thomas Merton: Contemplative Critic* (Liguori, 1991), 23 ～ 24；*Creative Ministry* (Doubleday, 1991), 103 ～ 104；*Clowning in Rome* (Image, 2000), 91 ～ 93；*Bread for the Journey*（十二月九日及十日）；*Spiritual Formation* (HarperOne, 2010), 6 ～ 7。

第 5 章　留意旅途上的人

改編自 "L'Arche Journal"（一九八五年八月十三日及十五日，九月九日、十日及二十三日，十一月八日及十三日，十二月二十一日）; *Gracias!*（頁x；一九八一年十一月三十日）；"Finding Vocation in Downward Mobility," *Leadership* 11, no. 3 (summer 1990), 160 ～ 161；*Spiritual Direction* (Harper SanFrancisco, 2006), 5, 116, 123；*Home Tonight* (Image, 2009), 107；*Thomas Merton: Contemplative Critic* (Liguori, 1991), 25；*The Return of the Prodigal Son* (Doubleday, 1992), 21 ～ 22。

第 6 章　辨明時代徵兆

摘錄自 "God's Timeless Time"，"L'Arche Journal" 未出版內容（一九八六年六月八日，十月六日、七日及九日）；選材自 *Thomas Merton: Contemplative Critic* (Liguori, 1991), 34, 36, 37, 39；*Clowning in Rome*, 130 ～ 131；*Bread for the Journey*（九月九日，十二月六日）；Timothy Jones ed., *Turn My*

Mourning into Dancing (Thomas Nelson, 2004), 56, 59。

第 7 章　察驗呼召：辨明召命

摘錄自"The Genesee Diary"（九月一日，十月一日）；"L'Arche Journal"（一九八六年八月四日）；"Ukrainian Diary"（未出版手稿，七月二十九日）；"Sabbatical Journey"（未出版手稿）；"Finding Vocation in Downward Mobility," 160～161；*Gracias!*（頁x ～ xi、xviii、1、3、9、14；一九八一年七月二十九日及十月三十日，一九八二年一月二十日及二月二十五日）。

第 8 章　敞開你心：辨明上帝的同在

摘錄自"The Genesee Diary"（六月十一日，九月七日、八日、十三日、十四日、二十一日、三十日，十月一日）；*Gracias!*（一九八一年十二月二日）；"L'Arche Journal"（一九八六年四月二日及十三日）；"Ukrainian Diary"；"Sabbatical Journey"；"Meditation on Luke 24 Given During the Celebration of Life and Death of Gus van der Woude"（一九七五年四月二十日）；一九八一年於耶魯神學院以路加福音二十四章為題講道之課堂筆記；*With Burning Hearts* (Orbis, 2003), 51, 52, 67, 80, 89, 90；*A Cry for Mercy* (Image, 2002), 125 ～ 26；*Gracias!*（一九八一年十二月十一日）。

第 9 章　記念你是誰：辨明身分

摘錄自一九八八年未出版手稿"The Life of Faith"；"The

Genesee Diary”（八月四日）；“Ukrainian Diary”（一九九三年八月七日）；“Take, Bless, Break, Give”序言及導論；*Gracias!*（頁 13）；Robert A. Jonas ed., in “Being the Beloved,” *Henri Nouwen: Writings* (Orbis, 1998), 24 ～ 25。

第 10 章　審時度勢：何時行動、何時等候、何時聽候帶領

「何時行動」主要改編自盧雲一九七八年十二月十日於紐約市哥倫比亞大學聖保羅堂的講道內容，出版於John Dear ed., *The Road to Peace* (Orbis, 1998), 50 ～ 52, 110, 124, 198, 199。

「何時等候」主要改編自盧雲為一九八〇年耶魯神學院課程「屬靈生命概論」（An Introduction to the Spiritual Life）所作的反思筆記，題為「等候」（Waiting）；“Power, Powerlessness, and Power”；出版於 *Finding My Way Home* (Crossroad, 2001), 108 ～ 111, 114。

「何時聽候帶領」主要改編自盧雲為一九八〇年耶魯神學院課程「屬靈生命概論」（An Introduction to the Spiritual Life）所作的課堂筆記，題為「受難」（Passion）及「受苦與新生」（Suffering and New Life）；佐以 *Finding My Way Home* 節錄，頁 91、95、96。

Thomas Merton: Contemplative Critic (Liguori, 1991), 68ff.；*In the Name of Jesus* (Crossroad, 1992), 10, 55, 62, 68 ～ 72；*The Road to Peace*, 50 ～ 52；*Bread for the Journey*（十一月二十日及二十一日，四月十四日）；*Gracias!*（三月二十八日）；“L'Arche Journal”（一九九六年二月二十七日）。

跋　辨明「隱藏的整全」

改編自未出版手稿"One in Christ: Notes on Christian Unity," 1988, file 117, box 34, 1.1；刊於*The Other Side*（一九八九年九月／十月號）的訪談錄"Henri Nouwen: A Conversation Between Friends"（採訪者為 Arthur Boers）。

附錄一　飲於自己之井：明辨與釋放

摘錄自 Gustavo Gutiérrez, *We Drink from Our Own Wells* (Orbis, 2003) 的前言；"Ukrainian Diary II"（一九九四年八月十九日、二十一日）；*Gracias!*（頁viii、13；十一月四日）；*Making All Things New* (Harper & Row, 1981), 87～88。

註釋

原序　本書為何

1. 引自未出版的盧雲手寫筆記“God's Will, Acceptance of”（1990）。

前言　亨利的明辨之道

1. 參 Kenneth L. Woodward, “Soulful Matters,” *Newsweek*, October 31, 1994 及 Oprah.com 於二〇〇〇年刊載的文章，見 www.oprah.com/omagazine/Hillary-Clinton-On-The-Return-Of-The-Prodigal-Sonixzz207mkposo。
2. Robert A. Jonas, ed., *Henri Nouwen: Writings* (Orbis, 1998), 28.

導論　黑暗中的光明

1. 盧雲這篇文章寫於一九九一年，其時他在法國聖馬丹多鎮退修。文章原為一封寫給一眾朋友的公開信，論及友誼、關係、蜜芙．荷潘、沉溺、死亡、屬靈黑暗等題目。文章經過編輯，乃首度發表於本書。

第 1 章　在獨處及羣體中操練明辨

1. John Climacus, *The Ladder of Divine Ascent*, quoted by Henri Nouwen, *Genesee Diary* (1974).
2. Henry David Thoreau, *Walden* (Ticknor and Feilds, 1854), chap. 8.
3. 盧雲也參閱了 Robert J. Voigt 編的書 *Thomas Merton: A Different Drummer* (Liguori Publication, 1972)。
4. 參盧雲的錄音 *Spirituality of Waiting*, part 2, published as *The Path of Waiting* (Crossroad, 1995)。
5. 盧雲對**獨處**、**羣體**、**服事**此三重靈性（threefold spirituality）的闡釋，參 Henri Nouwen, *Spirituality of Living* (Upper Room Books, 2011)。
6. 盧雲就「默想式禱告」的操練，參 Henri Nouwen with Michael Christensen and Rebecca Laird, *Spiritual Formation* (HarperOne, 2010), 25 ～ 28。
7. 盧雲就「神讀」的操練，參 Henri Nouwen with Michael Christensen and Rebecca Laird, *Spiritual Direction* (HarperOne, 2010), 90 ～ 94。

第 2 章　真理的靈，謬妄的靈

1. 盧雲也參閱了 Robert J. Voigt 編的梅頓讀本：*Thomas Merton: A Different Drummer*。
2. 論到辨明我們真正的身分，參本書第九章。
3. 引自未出版的 "L'Arche Journal," Monday, October 14, 1985, Feast of Teresa of Avila, 85。
4. 盧雲在他日記寫了許多關於蜜芙．荷潘的事。盧雲認為荷潘「無論是死是生，今日仍在啟迪眾人。她是今日法國許多屬靈更新運動的本源，幾乎沒有任何新興基督徒羣體與她是全然沒有關係的。這位臥病在牀的小婦人，對我們世界所作之貢獻，超過那些在大球場佈道或電視傳道的男女名人，這豈非咄咄怪事」。參 "L'Arche Journal," April 14, 1986; April 15, 1986, 492 ~ 496。
5. 引自蜜芙．荷潘日記（盧雲翻譯），參 "L'Arche Journal," April 15, 1986。

第 3 章　讀取前路

1. 盧雲與梅頓只會晤過一次，時維一九六七年，盧雲在美國肯德基州的革責瑪尼隱修院短期退修，梅頓是隱修院成員。這次會晤對盧雲影響至大，但在梅頓日記（第六冊）中只略略一提，而且梅頓記錯了盧雲的名字，他稱盧雲為「盧神父」（Fr. Nau）。梅頓死於一九六八年，盧雲一九六九年開始出書。盧雲在一九七一年用荷蘭文寫了一本關於梅頓的書（*Bidden om het leven*），其時盧雲在阿姆斯特丹教書，這本書翌年出了英文版 *Pray to Live*

(Fides, 1972)，後來再版，易名 *Encounters with Merton* (Crossroads, 2004)，可為本章作背景資料補充。

2. Jean-Pierre de Caussade, *The Sacrament of the Present Moment* (HarperSanFrancisco, 1989), bk. 1, chap. 2, sec. 3.
3. 盧雲就勞倫斯弟兄的每日禱告之反思，參 Nouwen, *Spiritual Formation*, 24。
4. Thomas Merton, *The Seven Storey Mountain* (Harcourt Brace, 1948).
5. 「自存」(aseity)是純然自發自足的存在能力，是上帝的實在精義；按經典基督教哲學說法，是「純粹存在」。傳統天主教教義認為上帝的本質與上帝的存在是二而一的，理據參出埃及記三章14節上帝對摩西宣告祂的名字：「我是自有永有的。」(譯註：《新漢語譯本》譯作「『我是』就是『我是』。」)早期教父及經院神學家都認為出埃及記三章14節記述上帝宣告祂是純粹而單一的存有。上帝的形而上本質就是存在。
6. Merton, *The Seven Storey Mountain*, 172.
7. 梅頓有三本探究東方智慧的著作，包括：*The Way of Chuang Tzu*、*Zen and the Birds of Appetite*、*Mystics and Zen Masters*。
8. Merton, *The Seven Storey Mountain*, 185.
9. Yushi Nomura, ed., *Desert Wisdom: Sayings from the Desert Fathers* (Doubleday, 1982), 4.
10. Merton, *The Seven Storey Mountain*, 354.
11. Merton, *The Seven Storey Mountain*, 268～269.

12. 盧雲一九八一年在耶魯神學院授課，其中講授了「神讀」操練，參 Henri Nouwen, "An Introduction to the Spiritual Life," Yale Divinity School, 1981。

13. Aelred Squire, ed., *Asking the Fathers* (Paulist Press, 1976), 121, quoted in Nouwen, "An Introduction to the Spiritual Life."

14. Saint Bernard in Advent, sermon 5, quoted in Squire, ed., *Asking the Fathers*, 127, quoted in Nouwen, "An Introduction to the Spiritual Life."

15. De Caussade, *Letters*, vol. 3, p. 10, quoted in Squire, ed., *Asking the Fathers*, 125, quoted in Nouwen, "An Introduction to the Spiritual Life."

第 4 章　閱讀大自然之書

1. 盧雲可能會說，提起書，令人很容易聯想到一疊有字印在其上的紙張，加上封面封底，裝訂成一本書；又或是一組電子數據，可以下載到一個可攜式裝置上，隨時可供閱覽的電子書。但是古人，例如奧古斯丁等人經常提到「大自然之書」，指大自然值得我們探究。盧雲同意前現代讀者的看法：上帝的第一語言是大自然，因此他講論上帝在大自然臨在的信息。

2. Merton, *The Seven Storey Mountain*, 293.

3. Theodore Roszak, *The Making of a Counter Culture* (Anchor Books, 1969), 245, quoted in Nouwen, *Creative Ministry* (Doubleday, 1991), 104。

4. *A Cry for Mercy: Prayers from the Genesee* (Doubleday, 1981), 94.

第 5 章　留意旅途上的人

1. Merton, *The Seven Storey Mountain*, 219.
2. Merton, *The Seven Storey Mountain*, 195～196.
3. Merton, *The Seven Storey Mountain*, 181.
4. Michael Ford 在他的書 *Wounded Prophet* 中列出至少一千五百個盧雲的「密友」。對本書編者來說，因篇幅與要旨關係，只列舉了盧雲三個密友為例，但的確還有許多人其實也可以作為例子。
5. 盧雲在治療中心度過幾個月及其從抑鬱與失落康復的經歷，見諸《黎明路上》、《心靈愛語》（*The Inner Voice of Love*）、「靈修三部曲」的第一部 *Spiritual Direction*（頁120～123）——本書取材於此書之記述。
6. 盧雲與素兒．莫絲塔娜的密切關係，盧雲自己著墨不多，遠不及他提到范尼雲、鍾納思、拿單．波爾的篇幅。素兒最先於一九八五至一九八六年在「黎明之家」接待盧雲，天天與他在小教堂一起守晨更；又曾與他同行到法國、荷蘭、烏克蘭；又在他康復期間探望他。盧雲與鍾納思是好友、與拿單像兄弟，但相比之下，素兒的角色可能更重要，因為她願意對盧雲說出上帝的真理，是活生生的明辨徵兆。
7. 素兒．莫絲塔娜在盧雲的最後著作《安息日誌》（*Sabbatical Journey*）寫了一篇序，提到盧雲在他離世前一年所寫逾七百頁日記中，曾經提及超過六百個朋友的名字，述及與超過一千個友好的相交。的確，對盧雲來說，人是上帝同在和引導的最重要徵兆。

第 6 章　辨明時代的徵兆

1. Thomas Merton, *The Literary Essays of Thomas Merton*, ed. Brother Patrick Hark (New Directions, 1981), 500.
2. Thomas Merton, *The Secular Journal of Thomas Merton* (Dell, 1980), 172.
3. Merton, *The Secular Journal of Thomas Merton*, 98.
4. Thomas Merton, *My Argument with the Gestapo* (Doubleday, 1969), 138.
5. 饒有意思的是，聖經提到「以薩迦支派，有二百族長都通達時務，知道以色列人所當行的」（代上十二 32），「通達時務」，若按梅頓的說法，可譯作「明辨時代徵兆」。
6. 盧雲在塞爾瑪（Selma）曾經親身參與民權運動，也出席了在亞特蘭大舉行的馬丁．路德．金的喪禮，這兩件事在盧雲的書《和平路上》（*The Road to Peace*）都有提及。
7. 論到「揭發幻象真面目」（unmasking of illusion），梅頓說：「世界不以純粹客體（pure object）的形式存在。世界不是在我們存在的身外之實在……它是一個活生生、自我造出的奧祕，而我就是這奧祕的一部分，也是通向這奧祕獨一無二之門。當我在自己的立身之所找到世界，就不可能再被世界棄絕了。」*Contemplation in a World of Action* (University of Notre Dame Press, 1999), 154～155。

8. Thomas Merton, *Seeds of Contemplation* (Farrar, Straus and Giroux, 1990), 53.

第 7 章　察驗呼召：辨明召命

1. 盧雲的「南美洲日記」(從 1981 年 10 月至 1982 年 3 月)其後結集成書為 *Gracias!* (HarperCollins, 1982)。

第 8 章　敞開你心：辨明上帝的同在

1. 引自 "The Genesee Diary," September 23。
2. Anthony Bloom, *Beginning to Pray* (Paulist Press, 1970), 75.
3. 參本書第一章、第三章關乎「神讀」的操練。
4. 在哲學而言,「緣在」是海德格的著作《存有與時間》(*Being and Time*)核心用語,指一個能夠意識到自身存有或存在的意義之實體。約翰 · 猶底斯神父將海德格這哲學概念應用在天主教對基督在聖餐中那餅與杯的「表象」(appearance)之下的「真實臨在」(real presence)之理解。表象揭示或宣示它自己,卻非盡顯。論到「緣在」這概念,參 Martin Heidegger, *Being and Time,* trans. by Joan Stambaugh (Albany: State University of New York Press, 1996)。
5. 約翰 · 猶底斯神父在傑納西修院某次基督聖體聖血節(Feast of Corpus Christi)就聖餐的反思,參盧雲一篇未出版文章,見於盧雲日記(vol. 1, June 11, 1974, 41 ~ 43)。
6. 強調這哲學洞見的靈修作家包括潘迪克斯(Evagrius Ponticus)、迦薩的多洛迪奧(Dorothee of Gaza)、狄厄多修（Diadoque）、克利馬古、迦賢（Cassien）、聖本篤（Saint Benedict）等。他們認為藉著禱告、默想、苦修（希臘文為 *ascesis*，源於 *askein*，意為「運動」——苦修是克己的屬靈操練，主旨乃為默觀）可讓「上帝的同在」具體呈現在心中。參盧雲的的研究筆記 "The Genesee Diary," September 21 and October 12, 1973。

7. 按照耶魯神學院教授尼斯．道爾（Nils A. Dahl）的説法，在屈梭多模（Saint John Chrysostom）、西奧多（Theodore of Mopsuestia）及其後伯爾納鐸的靈修著述中，這記憶概念很普遍。根據亞理士多德（Aristotle）關於記憶（memory）的理論，**記念**（to remember；*mnemoneuein*）只能應用於過去的事件。但在新約聖經，「記念」也可用於現在或將來的情況。因此「記念」除了可指「憶記」（to recollect），也可用作「念記」（to think of）某人或某事（西四 18），也可用作在禱告中「提到」（to mention）（羅一 9；帖前一 2；弗一 16）。道爾認為「新約聖經對這希臘概念的延伸，反映了猶太教信仰與傳統的影響。在舊約聖經，上帝記念祂的子民，相應地，上帝的子民也被呼喚去記念上帝的拯救大能和誡命」。按照查考文獻的結果，道爾認為記憶與記念（commemoration）是早期基督教敬拜、講道、禱告、稱謝的中心。參盧雲就道爾一篇論文 Nils A. Dahl, "Anamnesis: Memory and Commemoration in Early Christianity," *Studia Theological I* (1947), 69 ~ 95（論文原文為法文）的研究筆記。

第 9 章　記念你是誰：辨明身分

1. *Theosis* 或神化（deification；字面意思是「成為上帝」〔becoming God〕）是古時的神學概念，用作描述基督徒漸漸像上帝以至最終全然成聖的過程。論到這個教義的詳細歷史，參 Michael J. Christensen and Jeffery Wittung, eds., *Partakers of the Divine Nature: The History and Development of Deification in the Christian Traditions* (Baker Academic, 2008)。
2. 盧雲就「宣稱我們為上帝所愛」的完整教導，參 *Life of the Beloved* (Crossroad, 2002) 及 *Spiritual Direction*, chap. 10。

第 10 章　審時度勢：何時行動、何時等候、何時聽候帶領

1. Thomas Merton, *Conjectures of a Guilty Bystander* (Image, 1968), 156.
2. 「拜苦路」是天主教靈修傳統，記念耶穌在本丟彼拉多手下被判死罪到被葬在別人墳墓中的十四個事件（「苦路十四站」）。在這十四站，通常會擺放相關圖畫或雕塑。
3. 在美國，一九八〇年代初是核戰恐怖彌漫的時代。隨著反核武運動益發熾烈，盧雲也益加關注並參與社會運動，譴責美國的軍事主義、核武競賽與戰爭。他寫了一本書，論到締造和平的靈性，並公開反對美國在內華達州進行核武試爆，以及干預拉丁美洲國家內政。然而，身為旅居美國的荷蘭公民，盧雲總不覺得自己為和平抗爭被捕入獄是他的召命。「我總懷疑我若入獄只會令人離棄和平抗爭，而非吸引更多人來參與。」他在手稿中寫道。

「不過可能我太在意要影響別人了，不夠忠於我的屬靈使命。」參 Henri Nouwen, *The Road to Peace*, 54。

4. 在盧雲就社會行動的著述中，論及不少發生在中美洲的事件，其中一件關乎一九八二年瓜地馬拉軍方將領里奧斯・蒙特(José Efraín Ríos Montt)上台執政。里奧斯・蒙特自稱熱心耶穌門徒，甚至一些福音派及五旬宗教會領袖也視他為同路人。然而，在他以基督精神帶領軍隊的幾個月內，已有至少二千六百個農民在他令下被殺（參 *The Road to Peace*, 13）。盧雲在瓜地馬拉親睹及聽聞的其他事，見 Henri Nouwen, *Love in a Fearful Land: A Guatemalan Story* (Ave Maria Press, 1985)。

5. 一九八三年夏天，盧雲去了尼加拉瓜一個月，在與洪都拉斯接壤的邊境，參加了一個和平考察代表團，親睹美國援助反政府游擊隊與社民黨政府軍的戰事，親聞痛失至親的母親講述兒女被虐待殺害的往事。其後盧雲重返美國，任教於哈佛神學院，他覺得必須呼籲北美基督羣體反對列根政府干預中美洲政策。盧雲又在幾個和平組織支持下，舉辦了一個為期六週的巡迴美國演講活動，呼籲民眾關注中美洲幾個他曾服事的國家所受的不公義對待。其中一家他曾到訪的禮拜堂，是本書另外兩位作者的禮拜堂：三藩市金門拿撒勒社區教會，盧雲與信眾分享他踐行默觀與行動的召命。

6. Simone Weil, *First and Last Notebooks* (Oxford University Press, 1970).

7. 關乎召命與領導的詳細反思，參 Henri Nouwen, *In the*

Name of Jesus (Crossroads, 1989)——本節內容正是按那本書的內容寫成。

附錄一　飲於自己之井：明辨與釋放

1. 古鐵雷斯的傳世之作《解放神學》(*A Theology of Liberation*) 於一九六〇年代末在拉丁美洲醞釀而成，在一九七一年以西班牙語出版，迅即成為呼召「優待窮人」(preferential option for the poor) 的號角聲。古鐵雷斯被譽為解放神學之父，其神學重踐行，與人民立於同一陣線。他的著作及講學成為拉丁美洲以及世界各地解放神學運動的先聲。古鐵雷斯後來寫了《飲於自己之井》(*We Drink from Our Own Wells*)，由盧雲寫序，他的書及盧雲的序文，反映一種新的解放靈性——可能是他那較重行動的信仰與盧雲那較重默想的靈修神學的交匯結果。
2. 雖然盧雲對解放神學一些觀念大力鞭撻，但他仍極欣賞古鐵雷斯糅合「神祕主義」與「行動主義」、「爭取靈命成長」與「爭取政治自由」的功夫。古鐵雷斯在發展「解放靈性」過程中，引入屬靈經驗的泉源——口傳故事、經籍、真人真事、信仰羣體爭取自由事迹等。
3. 盧雲在一九八二年春天返回美國，獲哈佛神學院聘為講師，向公眾講授解放神學的靈性面向。翌年秋天，他獲聘為道學教授，每年授課一個學期，其餘時間可以前赴拉丁美洲做研究或其他工作。如此過了兩年，盧雲再思召命，辨明是時候離開學術界了，於是去了法國方舟團體，在身體殘障及智障者當中尋求屬靈歸宿。盧雲從哈佛到多倫多方舟團體的心路歷程，參他的靈修日記《黎明路上》。

附錄二　盧雲論「聆聽深沉的節拍」

1. 輯錄自未出版的盧雲手寫筆記，參 "God's Will, Acceptance of"（1990）。
2. 套用美國搖滾樂隊「死之華」（Grateful Dead）鼓手哈特（Mickey Hart）的話：「『鼓樂圈』是最平等的了，因為它沒有頭、沒有尾，所有年紀無任歡迎。它最大的目的是分享節拍，與別人一起擊鼓，彼此和應，營造一種團體意識。為了共鳴……他們一起擊鼓，從團體中萌生一種嶄新的聲音、集體的聲音。」參一九九一年美國參議院（特設）安老委員會聽證會記錄。
3. 梭羅（1817～1862），特立獨行的思想家、作家、社會運動家。他身處的時代，人人對工業發展的康莊大道額手稱慶，他卻一力倡議保護環境。人人樂於蓄奴，他卻大力支持廢奴主義。他為了抗議政府將奴隸版圖延至墨西哥而拒絕上稅，並因此被判監禁。他是非暴力公民抗命首批倡議人。哲學方面，他是超驗主義者，以及自然神論者（deist），認為認識上帝的最佳途徑是個人直觀，而非宗教教義。
4. 「以祢的道定我的腳步……我願活有所值，踐行我的召命。求主定我腳步，我必行祢旨意。世界瞬息萬變，惟祢始終如一。求祢定我腳步，讓我稱頌祢名。」原歌 *Order My Steps* 由 Glen Bruleigh 填詞。

5. Henri Nouwen with Michael Christensen and Rebecca Laird, *Spiritual Formation*, xxiii。「神讀」的四個步驟為：閱讀、默想、禱告、休息。
6. C. S. Lewis, *The Silver Chair* (HarperCollins, 2001), 560.
7. 聖經記述基甸以「羊毛」辨明上帝的旨意（士六 36～40）。「基甸對上帝說：『你若果照著所說的話，藉我手拯救以色列人，我就把一團羊毛放在禾場上：若單是羊毛上有露水，別的地方都是乾的，我就知道你必照著所說的話，藉我手拯救以色列人』」（士六 36～37）。
8. 循道宗信徒認為上帝主要藉著聖經、教會傳統、理性向人說話。而盧雲則認為上帝有許多方法向我們說話，照明我們道路，讓我們不致走迷。
9. *Merton: Contemplative Critic*, 37.
10. 參本書第六章。

版權聲明

我們已盡力就本書所引述或改寫的資料作出版權聲明及申請轉載權，若仍有任何遺漏或疏忽，實屬無心之失，請將詳細資料告訴我們，我們在再版時會作出修正。

以下已出版的盧雲（Henri J. M. Nouwen）著作，蒙允許轉載、摘錄或改編，謹此致謝：

（摘錄）四本由 HarperOne 出版著作：*Making All Things New* (© 1981)；*Gracias! A Latin American Journal* (© 1983)；*Bread for the Journey* (© 1997)；*Spiritual Formation* (© 2010)。

（摘錄）經 Harper & Row 特別安排的 *Thomas Merton: Contemplative Critic* (Liguori Publications, 1991)。原版 *Pray to Live* (Fides, 1972)，再版為

Encounters with Merton (Crossroad, 2004)。

（摘錄）四本由 Crossroad Publishing 出版著作：*Life of the Beloved* (© 1992)；*Sabbatical Journey* (© 1998)；*In the Name of Jesus* (© 1992)；*Finding My Way Home* (© 2001)。

（摘錄）四本由 Random House's Doubleday/Image imprint 出版著作：*Clowning in Rome* (© 1979)；*Creative Ministry* (© 1971)；*Home Tonight* (© 2009)；*The Return of the Prodigal Son* (© 1992)。

（摘錄）五本由 Orbis Books 出版著作：*Walk with Jesus: Stations of the Cross* (© 1990)；*With Burning Hearts* (© 2003)；*Henri Nouwen: Writings Selected*, edited by Robert Jonas, (© 1998)；*The Road to Peace*, edited by John Dear (© 1998)；Gustavo Gutierrez, *We Drink from Our Own Wells*〈序言〉(© 1984, 2003)。

（摘錄）Timothy Jones ed., *Turn My Mourning into Dancing* (Thomas Nelson, 2001)。

已出版文章："Finding Vocation in Downward Mobility," *Leadership* 11, no. 3 (Summer 1990)；刊於 *The Other Side*（一九八九年九月／十月號）的訪談錄"Henri Nouwen: A Conversation Between Friends"（採訪者為 Arthur Boers）。

以下未出版手稿、筆記或已出版文章，版權屬 Henri J. M. Nouwen，蒙 Henri Nouwen Legacy Trust 允許使用：

（未出版手稿）："The Life in Faith"（一九八八年）；"Take, Bless, Broken Given"前言至第一部（一九九一年）；"Power, Powerlessness and Power: A Theology of Weakness"

（一九九三年八月十七日）；“Becoming Poor Before God: Spiritual Formation at Daybreak”（一九八九年）；一九八〇年六月二十三日於 Woodland Park Community of Celebration 舉行的「論禱告」研討會（A Conference on Prayer）紀錄，講題為「寓禱告於聆聽」（Prayer as Listening）；“Meditation Given During the Celebration of the Life and Death of Gus van der Woude”（一九七五年四月二十日）；“One in Christ: Notes on Christian Unity”（一九八八年）；手寫筆記“God's Will, Acceptance of”（一九九〇年）；一九七八年十二月十日於紐約市哥倫比亞大學聖保羅堂的講道內容“God's Timeless Time”。

（未出版之日記及筆記）：“On Retreat: Genesee Diary”（三冊，一九七四年六月十一日、二十九日、二十三日，七月三日、六日、二十日至二十三日、二十五日、三十日，八月四日、八日、十五日、二十日、二十一日，九月十八日、二十一日、二十二日、二十七日、三十日，十月十四日、十八日至二十三日，十一月二十二日，十二月二日、八日）；“South American Diary”（一九八一年十一月十九日，十二月三十一日；一九八二年一月二十七日，二月十五日）；“The L'Arche Journal”（一九八五年八月二十六日、二十七日，九月十三日、二十二日、二十三日、二十七日，十月五日、八日、十四日、二十一日、二十二日、二十三日、二十五日、三十日，十一月一日、十三日、二十日，二十一日，十二月十五日；一九八六年一月三日、七日、八日、十三日、二十一日、二十八日、二十九日，二月二日、九日、十三日、十六日、十八日、二十二日、二十七日，三月二日、三日、十一日、十三日、二十三日、二十四日，四月二日、三日、十三日至二十日、二十四日、二十七日，五月一日、三十日，六月四日、八日、十五日、十六日，七月二日、七日、十一日，八月四日、五日，九月二十一日、三十日，十月一日、六日、七日、八日）；"Ukrainian Diary"（一九九三年七月二十八日、二十九日）。

（課堂筆記）："Waiting"；"Passion"；"Suffering and New Life"。就 Nils A. Dahl 論文"Anamnesis: Memory and Commemoration in Early Christianity"之筆記（一九八〇年耶魯神學院課程"An Introduction to the Spiritual Life"）。

* 本表收錄本書常用名詞。

常見名詞漢英對照表*

兩劃

十架約翰 John of the Cross

三劃

大德蘭 Teresa of Avila

小德蘭 Thérèse of Lisieux

四劃

方舟團體 L'Arche

五劃

加爾默羅會 Carmelite

加爾各答的德蘭修女 Mother Teresa of Calcutta

艾克哈 Meister Eckhart

六劃

多默神父 Father Thomas Philippe

七劃

克利馬古 John Climacus

克理斯坦森 Michael J. Christensen

伯爾納鐸 Bernard of Clairvaux

阿奎那 Thomas Aquinas

八劃

范尼雲 Jean Vanier

依納爵 Saint Ignatius of Loyola

九劃

約翰．猶底斯 John Eudes

革責瑪尼隱修院 Gethsemane Abbey

十劃

高薩德 Jean-Pierre de Caussade

素兒．莫絲塔娜 Sue Mosteller

特羅斯利 Trosly

十一劃

梭羅 Henry David Thoreau

梅頓 Thomas Merton

萊爾德 Rebecca Laird

十二劃

道明會 Dominican

傑納西隱修院 Abbey of the Genesee

十四劃

赫胥黎 Aldous Huxley

蜜芙．荷潘 Marthe Robin

熙篤會 Trappist

十五劃

黎明之家 Daybreak community

十七劃

鍾納思 Robert A. Jonas

十九劃

羅梅羅 Oscar Romero